MITO Y MUERTE

Estudio de la poética de J.R.R. Tolkien

MITO Y MUERTE

Estudio de la poética de J.R.R. Tolkien

Jon Mentxakatorre Odriozola

Mito y muerte.
Estudio de la poética de J.R.R. Tolkien
Jon Mentxakatorre Odriozola

Diseño de cubierta y maquetación:
Marta Tejedor

EntreAcacias, S.L.
[Sociedad editora]
Covadonga, 8
33002 Oviedo - Asturias (España)
info@legendariaediciones.com
www.legendariaediciones.com
1ª edición: febrero, 2026
ISBN: 978-84-10037-39-7
Depósito Legal: AS 00032-2026

Impreso en España/Printed in Spain
Impreso por Podiprint

Hay un sitio llamado «cielo»
donde lo bueno inacabado aquí se completa;
y donde las historias no escritas
y las esperanzas no satisfechas se continúan.
De una carta a su hijo Michael Tolkien (*C* 45)

A Eduardo Segura, Guillermo Peris,
Ignacio Saavedra, Leticia Cortina y Ulises Rodríguez,
a Daniel Jiménez y Milagros García,
a José Manuel Losada y Patxi Lanceros,
a Helios del Rosario y Martin Simonson,
y a todos aquellos que queríais ver esta obra publicada,
gracias por vuestra inmerecida amistad e incondicional apoyo.

Índice

Abreviaturas

De las obras de Tolkien más citadas:

AM: El anillo de Morgoth, volumen 10 de la Historia de la Tierra Media
BMC: Beowulf: los monstruos y los críticos, ensayo
C: Cartas de J.R.R. Tolkien, epistolario
CA: La comunidad del Anillo, primer volumen de *El Señor de los Anillos*
CI: Cuentos inconclusos de Númenor y la Tierra Media, libro
DT: Las dos torres, segundo volumen de *El Señor de los Anillos*
ESdlA: El Señor de los Anillos, libro
HH: Los hijos de Húrin, libro
RB: Regreso de Beorhtnoth, ensayo
RR: El retorno del Rey, tercer volumen de *El Señor de los Anillos*
S: El Silmarillion, libro
SCH: Sobre los cuentos de hadas, ensayo

Prólogo

Hay libros que iluminan un territorio de estudio: lo reordenan desde dentro, con una hipótesis potente, una arquitectura clara y una prosa reflexiva. El lector encontrará todo esto en las páginas de Jon Mentxakatorre: una reformulación sintética de la poética de J.R.R. Tolkien desde el doble eje de la palabra y la muerte, la creación lingüística y la donación de la existencia. El volumen lanza una propuesta: la obra de Tolkien se comprende mejor cuando se restituye la primacía de la palabra como principio estético-metafísico y cuando la mortalidad se reconoce como nervio estructural. El propio autor lo dice con nitidez: «Tolkien dejó una potente metáfora de estudio: la muerte como don».

Uno de los méritos de este libro es devolver la prioridad a algo esencial para Tolkien: la música de la lengua. Con paso firme demuestra que la eufonía de los nombres reclama un mundo secundario que le dé vida propia: «Nadie me cree cuando digo que mi largo libro es un intento de crear un mundo en el que la forma de una lengua que place a mi estética personal parezca real». De ahí que Mentxakatorre incida en el vínculo entre lengua y subcreación, en sintonía con otra frase de Tolkien: «ser, nombrar y narrar parten de una misma raíz».

Otro mérito del volumen consiste en reanudar, sin reduccionismos, el hilo entre esa poética de la palabra y la economía del relato: la eucatástrofe, la nobleza que resiste en la oscuridad, la alegría que irrumpe como sello de verdad. Cuando se recuerda, con palabras de Tolkien, que «la Resurrección es la eucatástrofe de la historia de la Encarnación», se está reconociendo el principio de inteligibilidad que este libro lee con serenidad filosófica y cuidado filológico.

Así no extraña el título a la obra: *Mito y muerte.* Mentxakatorre argumenta que las vivencias élfica y cristiana convergen en una misma tensión de elevación y libertad: «la muerte como don supone una apertura trascendental para vehicular belleza en el mundo», y, por tanto, funda una antropología del heroísmo humilde. La síntesis final lo formula con concisión: «la muerte como don es en la obra de Tolkien el fundamento en el que se asientan sus nociones de mito, belleza y redención».

Permítaseme, desde mi dedicación a la mitocrítica cultural, subrayar la relevancia de este libro más allá del ámbito tolkieniano. Mentxakatorre no lee el mito como retórica simbólica ni como residuo antropológico; lo lee como relato con referente trascendente, es decir, como una forma de conocimiento que articula lo simbólico con lo sagrado. Esa es, precisamente, la premisa que siempre he defendido: «el mito solo es mito a condición de incluir la trascendencia absoluta y sagrada tanto en la dimensión del personaje como en sus coordenadas espacio-temporales dentro del universo ficcional». Esta condición –a menudo soslayada por metodologías que reducen el mito a semiosis o a ideología– se convierte aquí en criterio operativo de lectura.

De ahí el interés mayor de la obra para la mitocrítica cultural. Primero, porque integra con rigor la distinción entre imaginar y subcrear: no reduce el mito a relato simbólico, sino que le devuelve su función cognitiva y referencial, sin disolverla en el puro juego formal. Segundo, porque muestra el modo como la obra de Tolkien dramatiza procesos de remitificación y desmitificación propios de la modernidad: la resistencia del sentido en un mundo sometido al ámbito cerrado de la inmanencia; la tentación de la inmortalidad, el desprendimiento estético del lenguaje cuando pierde su vínculo con la verdad del ser. Tercero, porque vincula esa dramaturgia de la esperanza con una metafísica de la belleza, recordándonos que el mito no es evasión, sino método de acceso a lo real cuando lo real incluye lo trascendente.

No es menor la novedad hermenéutica del capítulo mariano. Mentxakatorre no busca figuras alegóricas; reconoce un trasfondo operativo. Tolkien afirmaba: «sobre [Nuestra Señora] se funda toda mi escasa percepción de la belleza tanto en majestad como en simplicidad». El autor despliega con tacto teológico y prudencia filológica las implicaciones estéticas de esta confesión para una poética del lenguaje y del heroísmo. Aquí el libro ofrece una contribución rara: explica cómo ese horizonte de gracia no se exhibe en el *legendarium* como culto, sino que «queda absorbido en la historia y el simbolismo», volviendo posible una lectura de la eucatástrofe y de la «muerte como don» sin trivializar ninguno de los dos polos –ni el literario ni el teológico–.

La consecuencia es doble. Para los estudios sobre Tolkien, esta obra consolida una vía de investigación que conecta la filología con la filosofía del lenguaje, y la poética con una antropología de la esperanza; corrige, además, la tendencia a encerrar a Tolkien en nichos temáticos o en debates de recepción. Con acierto inusitado, repone su obra en el corazón de la tradición occidental. Para la mitocrítica cultural, este volumen es una invitación a medir nuestras herramientas con un caso paradigmático: un corpus moderno que, sin renunciar a la ficción, exige ser leído como mito en sentido auténtico, esto es, como «relato funcional, simbólico y temático con referente trascendente». Desde ese prisma, su aportación mejora nuestra inteligencia de los procesos de remitificación contemporánea y ayuda a desenmascarar las dilataciones abusivas del término «mito» que hoy confunden el diagnóstico crítico.

Hay, finalmente, una cualidad de escritura que conviene celebrar. El libro avanza con paso seguro entre las fuentes y las interpretaciones, cita con mesura y lee con paciencia. Cuando explica que «la palabra subcreadora hace de la filología filosofía», no firma una proclama; resume una práctica analítica que el lector percibe en cada capítulo. El resultado es una propuesta de categorías transferibles para la crítica del mito hoy.

Quisiera, para terminar, agradecer a Jon Mentxakatorre la sobriedad con que ha conducido esta investigación: sin gestos enfáticos, sin complacencia, con respeto constante del texto y con una ambición intelectual que no teme utilizar la palabra «verdad» cuando habla de literatura. En tiempos de saturación teórica –y de frecuentes equívocos sobre el estatuto del mito–, libros como este nos recuerdan lo esencial: que la palabra, cuando nombra de veras, abre al mundo; y que el mito, cuando se deja leer en su altura, devuelve al lector la alegría de comprender. Este volumen, llamado a ser referencia en los estudios tolkienianos, lo prueba con creces.

José Manuel Losada
Madrid, octubre de 2025

Introducción

Crecer entre cuentos otorga sentido a la realidad. Sobre todo, cuando son oídos y el narrador es alguien con quien se comparte directa experiencia de mundo. La primeras alegría y tristeza, gozo y miedo, quedan ligados a la persona y el lugar. Si a lo largo de la narración se ha aprendido alguna nueva palabra, composición, pronunciación o perspectiva que arrebata, esta quedará siempre en el corazón. Su uso tendrá valor especial para el oyente: un árbol nunca será solo un árbol. El poder de este crecimiento y enraizamiento se multiplica cuando el lugar de la audición y el del hecho imaginado por el oído son el mismo. «Ocurrió aquí», «estuvo aquí». El mundo cuenta lo que es y lo acontecido. Se tiene mundo sobre mundo; mundo secundario que enriquece el primario, el cual es, ante todo, acontecimiento.

Cuando varias vidas se dan en un lugar, también se comparte ese fluir: «la herramienta que afilo la desgastó mi abuelo», «la camisa que visto era de mi padre», «de aquí recogía agua mi madre». Pero todo tiene un límite, y el peor no es la muerte, sino el rechazo o el olvido. Cuando se entra en su reino lo inmediato es ley y todo vale, porque nada tiene valor. No hay sentido, sino ignorancia e insensibilidad.

Pero hemos aquí, en el gran torrente de Occidente, que alguien construye un nuevo molino, para moler con antiguas piedras. El catedrático de anglosajón en Oxford J.R.R. Tolkien erige en el siglo XX un *opus mythicum* elaborado para ser oído en la lectura, para ensanchar los horizontes de sentido. ¿Cómo es posible? ¿Qué pretende? ¿Cómo se atreve? La filosofía y el estudio literario no pueden obviar que la literatura haya sido elevada de nuevo a mito.

En el presente, tras varias décadas de críticas y desprestigio por parte del canon y la academia (Zimbardo e Isaacs 2004), desde finales del siglo pasado hasta hoy, los estudios sobre Tolkien han cobrado relevancia, y el hecho de tratar como objeto de estudio un mundo secundario compuesto por relatos fantásticos demuestra su consistencia y atractivo. Sin embargo, se hace necesario no restringir el valor de la aportación de Tolkien al ámbito literario, y mucho menos a un nicho particular creado para él, porque el relato, narración o palabra dada, el *mythos*, tiene su particular modo de ser vehículo de verdad. La filosofía y la epopeya lo saben desde niñas.

Por esa razón, el estudio de motivos y recursos en la obra de Tolkien es amplio, pero la búsqueda del trasfondo no tanto, y muchas grandes cuestiones siguen vigentes: ¿Es verdad que se puede crear *desde* la palabra? ¿Cómo sostiene la verdad? ¿Qué verdad narra? ¿Qué se dice del ser humano en el mero acto de narrar? En diálogo con la tradición occidental, mediante discurso filosófico, este trabajo pretende explicar cómo el mito es creativo, cómo dice o trae verdad, por qué vuelve en el siglo XX y cuál es su tensión para con los límites señalados. En concreto: ¿Qué tiene que ver la mitopoeia con la (in)mortalidad? ¿Es la narración de historias la única manera para recuperar una visión verdadera sobre la realidad?[1]

Para comenzar a responder a tales cuestiones, tomaremos como punto de partida un importante texto. Entre el epistolario seleccionado y editado por Humphrey Carpenter y Christopher Tolkien, existe una carta, la nº 131, que se ha citado siempre de forma fragmentada e interesada hasta la saciedad. La misiva, que no está fechada, fue probablemente escrita a finales del año 1951, y se dirige a Milton Waldman, de la editorial Collins.[2]

Al parecer, por sugerencia del mismo Waldman, el escrito de Tolkien tenía la intención de demostrar la interdependencia e indivisibilidad de *El Señor de los Anillos* y lo que por aquel entonces era el Silmarillion,[3]

---

[1] Tales cuestiones guiaron la tesis doctoral previa al presente texto, *La muerte como don: J.R.R. Tolkien. Hacia una metafísica del arte y la redención*, defendida en la Universidad Autónoma de Madrid en mayo de 2019, y accesible en Biblos-e Archivo (http://hdl.handle.net/10486/688532). El texto que el lector tiene en sus manos es más ligero que aquel, pero posee el mismo alcance y profundidad, y recoge las aportaciones más relevantes hasta la actualidad.

[2] La citada carta, si bien extensa y próspera, no fue publicada en su totalidad en el volumen de Carpenter hasta la edición de 2023; tampoco, por lo tanto, en su versión castellana. La misiva completa fue antes publicada por Devaux (2001b; 2003) y Hammond y Scull (2005: 742-49).

[3] *El Silmarillion* hace referencia al conjunto de narraciones editadas y publicadas por Chris-

los cuales quería publicar juntos, pero no conseguía, debido al riesgo que habría de asumir cualquier editor ante la impresión de tan ingente cantidad de páginas sobre un mundo secundario.

La epístola, que interesó tanto al receptor que la pasó a máquina, se muestra como síntesis y clave de la obra de toda la vida de J.R.R. Tolkien. En verdad, el siguiente trabajo puede entenderse como un comentario a aquellas 10.000 palabras que el autor escribiera a mediados del siglo XX, y que podrían atrevidamente resumirse como «ensayo de estética lingüística sobre la muerte y la inmortalidad». Comencemos poco a poco.

Mito y muerte

Aunque toda persona sabe que la muerte forma parte de ser humano, la modernidad insiste en rebelarse contra ella. La constancia en tal lucha, ejemplificada por el prolongamiento de la vida y deseo de rejuvenecimiento, muestra una carencia de significado: la muerte no tiene sentido. Como todo elemento de campo trascendente, la secularización la ha vaciado; no se halla contenido significativo en ella. Por lo tanto, el sinsentido debe ser rebatido, y como consecuencia del enfrentamiento se encuentra, entre lo más destacable, la insistencia de la medicina por salvar la muerte y el ocultamiento de los difuntos en el ámbito sociocultural, mientras que la sangría, violencia y crueldad llenan portadas periodísticas y avances televisivos. Dado el gran cambio en la aproximación a la muerte, quizá la actualidad pueda caracterizarse por su hiperrealidad ante ella. Se ha desmoronado y a la vez se exalta.

Se hace necesario, por lo tanto, volver a nombrar la muerte, enlazarla con nuevas coordenadas de sentido, porque si algo es, es irse, trasladarse. Ante la persona que muere, que se va, que toma la puerta y parte, algo queda en claro: no pertenece a este lugar, es un visitante. Salta de un punto a otro. Algo similar puede decirse de la palabra: su vida está en el aliento. Así lo recuerdan las flores entre códices medievales, por ejemplo.

---

topher Tolkien; el volumen salió de la imprenta por primera vez en 1977. Al contrario, al hablar de «el Silmarillion» se refiere a todo el marco fantástico-narrativo con el que Tolkien trabajó durante toda su vida desde que en 1916 comenzara a escribir los Cuentos Perdidos y que Christopher Tolkien editó entre 1983-1996 en 12 volúmenes como la *Historia de la Tierra Media*. Sobre su composición, véase Whittingham (2008).

La palabra nombra y sugiere, y si no se relata, cual corazón humano, la realidad pierde sentido, pues cuando la palabra no está presente, el mundo está vacío. Pero a pesar de la situación poscristiana y pospalabra en la que se encuentra Occidente, su mayor tradición espiritual recuerda y hace vivir con un mito especial: aquel en el que la Palabra se encarna, muere y resucita. Alumbrada por ella, toda palabra habrá de decir algo al respecto. Le debe algo. Le hace eco. Despliega inevitablemente su Vida. Más aún cuando la palabra se esfuerza en decir la Belleza precisamente mediante bella dicción.

Con ello, podemos comenzar a entender cómo, para un inglés que en la niñez fue nutrido por su madre con católica fe y amor por las palabras, que pronto perdió a seres queridos y luchó en la Gran Guerra, la palabra era el instrumento artístico y religioso primordial, fuente de conocimiento y belleza.

En Tolkien, la experiencia religiosa fundamentaba la obra artística (*C* 142), que siempre fue de inspiración lingüística (*C* 165, 257) y se llevó a cabo como lugar de ensayo de una personal estética del lenguaje (*C* 297). El impulso primordial consistía en la eufonía, sonido o música de las palabras al pronunciarlas. Desde los primeros nombres galeses en los vagones de Birmingham, hasta los adjetivos del gótico, que lo introdujeron en la filología como disciplina científica, las palabras llevaron a Tolkien al estudio de lenguas simple y llanamente por el intenso placer estético que lograba de ello, libres de su capacidad funcional o como vehículos de literaturas (*C* 163). Y además de al estudio, a la invención, que había de placer a su propia estética.

El quenya y el sindarin, las lenguas de su invención con más desarrollo, se basan en la eufonía del finlandés y galés, respectivamente. De modo que, en la historia de la literatura occidental, Tolkien se sitúa acorde al acto creativo primordial: «En el principio existía la Palabra» (Jn 1,1). Para él, primero era la palabra, su belleza, y después la historia, el argumento (*cfr.* *S* 18; Gn 1,3). En consecuencia, y para asombro del siglo XX, sus creaciones literarias fueron solo el marco donde el contenido de los significados de las palabras de su invención pudiera desarrollarse:

> Nadie me cree cuando digo que mi largo libro es un intento de crear un mundo en el que la forma de una lengua que place a mi estética personal parezca real. Pero es cierto. Alguien me preguntó

> (entre otros muchos) de qué trataba el S. de los A., y si era una «alegoría». Y dije que era un esfuerzo por crear una situación en la que un saludo común fuera elen síla lúmenn' omentielmo, y que esa frase preexistía al libro desde mucho tiempo atrás (*C* 205).[4]

Es decir, la tarea de composición de historias y un mundo imaginario coherente donde sus lenguas tuvieran vida fue secundaria. Lo primordial fue la exploración de la estética y rico mundo interior propios como analogía de la mitopoeia dada en una cultura. Tales explicaciones por parte del autor sobre el fundamento filológico de su obra son curiosas, pero han de tomarse seriamente, pues su raíz parte de la capacidad de la palabra para ser subcreadora de nuevos mundos. Dicho de otro modo, Tolkien comprendió que las lenguas necesitan el mundo al que apelan, que las leyendas dependen de la lengua a la que pertenecen y que todo ello se transmite por tradición.

En consecuencia, las narraciones que conforman la Tierra Media surgieron para edificar el marco en el que sus lenguas pudieran ser coherentes, donde estar dotadas de tierra y atmósfera en las que cobrar sentido. Necesariamente, el ejercicio de Tolkien tornó en la investigación de las implicaciones metafísicas entre lengua y mitología. Es decir, cómo la creación lingüística está intrínsecamente ligada a la mitológica; cómo ser, nombrar y narrar parten de una misma raíz (*BMC* 251-52).

De modo que Tolkien no solo estudió lenguas y mitologías, sino que también las creó, e insistió en que su relación no corresponde tanto al contenido como a la estética, basada en la musicalidad de la nomenclatura de nombres de personas y lugares (*C* 180), como reflejo de una particular percepción y conciencia de mundo: palabra y mediante ella nación (Ugolnik 1977). Por esa razón, el escenario donde su mitología se desarrolla posee el temperamento y temperatura, terreno y clima, del noroeste de Europa, lugar al que ligaba sus lenguas como posibles en un pasado remoto (*C* 131, 163): el mismo inefable Norte del dragón Fafner.

Pero hay algo más que sitúa a Tolkien entre los grandes poetas, al reactualizar el otro elemento además de la palabra que hace al ser humano *ser humano*: la muerte, la inevitabilidad de la muerte. Su finitud hace pensar todo límite, pues pone la vida en cuestión y obliga

---

[4] El saludo se traduce como «una estrella brilla (arroja su luz) en la hora de nuestro encuentro» (*CA*, I, iii, 88). Véase la segunda nota a la carta.

al ser humano a pensarse a sí mismo. Lo vuelve objeto de estudio. Lo hace andar en busca de conocimiento como ninguna otra capacidad de su intelecto lo haría, por lo que, incluso para el incrédulo también es un regalo, al impulsar a hacer de la vida algo elevado sobre el error. Dejando otros significados secundarios o en potencia de su obra aparte, son varias las veces en las que Tolkien afirmó que la muerte es la piedra angular del conjunto de sus narraciones (*C* 131, 153, 186, 203, 208, 211), y de todas las instancias merece destacarse la entrevista de 1968 para el segundo canal de la BBC:

> Si realmente se medita sobre cualquier gran historia que interesa a la gente, que capta su atención durante un tiempo considerable, o le hace... las historias son prácticamente siempre... son historias humanas, pero son siempre sobre un tema, ¿verdad? La muerte. La inevitabilidad de la muerte.
>
> El otro día publicaron una cita de Simone de Beauvoir que, en mi opinión, lo expresa en pocas y certeras palabras. Permítanme que se las lea:
>
> «No existe tal cosa como la muerte natural: nada de lo que le sucede a un hombre es natural, pues su sola presencia pone en cuestión todo el mundo. Todos los hombres deben morir: pero para cada hombre su muerte es un accidente, y, aunque lo sepa y lo consienta, una injustificable violación».
>
> Bien, se puede estar o no de acuerdo con estas palabras, pero son la clave de *El Señor de los Anillos*.[5]

Es decir, todo el conjunto de la Tierra Media, y más concretamente *El Señor de los Anillos*, no es una alegoría sobre la lucha entre el bien y el mal o sobre el poder, sino que toca el tema que ha sido preocupación de muchos artistas y pensadores. Gracias a su capacidad e inteligencia, Tolkien lo abordó desde un ámbito que no lo estrechaba, sino que lo enriquecía: Faërie, al que el mito y el cuento de hadas pertenecen.[6]

---

[5] *Tolkien in Oxford*, BBC2 (1968); véanse Collier (2008) y Lee (2018). La cita original de Beauvoir pertenece a su obra *Une mort très douce*, de 1964 (Vink 2008). Además de dichas palabras, destacan las dadas en *C* 109, 203 y 211.

[6] «Los cuentos de hadas no son en el uso diario de la lengua relatos *sobre* hadas o elfos, sino relatos sobre el País de las Hadas, es decir, sobre *Fantasía*, la región o el reino en el que las hadas tienen su existencia» (Tolkien 1998: 139-40). Véanse Tolkien (2015a: 89-96), MacDonald (1895: 313) y Michelson (2014).

Mediante todo ello, mediante la palabra iluminada con hondura mítica, Tolkien dejó una potente metáfora de estudio: la muerte como don. Podemos empezar a comprender, en consecuencia, cómo el *legendarium*[7] de Tolkien puede ser ensayo de estética lingüística sobre la (in)mortalidad. Ahora bien, ¿podría encontrarse esfuerzo paralelo al artístico en el campo académico? Tal como Carpenter afirmó rotundamente, y trataremos de mostrar a lo largo de este estudio, sí:

> No había dos Tolkien, uno académico y otro escritor. Eran el mismo hombre, y las dos facetas coincidían de tal modo que no era posible distinguirlas entre sí, o mejor, no había dos facetas, sino distintas expresiones de la misma mente y la misma imaginación. Por eso, si deseamos comprender en alguna medida su obra como escritor, deberemos detenernos en su tarea académica (1990: 149).

Es decir, el filólogo y el poeta, «*in the old European tradition*» (Jeffrey 1980: 47), eran en Tolkien facetas de lo mismo: el amante y estudioso de la lengua. A este respecto es importante exponer que el propio autor destacó la relación, continuidad y despliegue de pensamiento a lo largo de sus tres mayores textos académicos:

> Yo mismo había pensado vagamente por un tiempo en reimprimir tres cosas que según mi opinión van juntas: *Beowulf: los monstruos y los críticos*, el ensayo *Sobre los cuentos de hadas* y *El regreso de Beorhtnoth*. La primera trata del contacto de lo «heroico» con el cuento de hadas; la segunda, primordialmente del cuento de hadas, y la tercera, del «heroísmo y la caballerosidad» (*C* 259).[8]

Palabra y muerte, fantasía y heroísmo, por lo tanto, fueron exploradas y defendidas con convencimiento de estudio por Tolkien a lo largo de su vida desde la (no) ficción. Y a ello se le suma la gracia que Tolkien conoció en su camino de vivencia católica, que

[7] Fue Tolkien el que usó varias veces el término para describir el conjunto de narraciones interconectadas que forman su obra mitopoética, el *corpus* mitológico de la Tierra Media (*C* 131, 153, 154, 163). A su vez, a él se debe la circulación en tiempos modernos del término *mitopoiesis*, que hizo famoso mediante el poema *Mitopoeia*, de 1931, dedicado a C. S. Lewis.

[8] Citaremos los ensayos de las siguientes ediciones: *Beowulf: los monstruos y los críticos*, de *Los monstruos y los críticos y otros ensayos* (1998: 13-65); *Sobre los cuentos de hadas*, del mismo volumen (1998: 135-95); y *El regreso de Beorhtnoth*, de *La batalla de Maldon* (2023: 1-78).

iluminaron sus horizontes de sentido. Pues lengua, mito y muerte convergen, tal como antes se ha apuntado, en la Palabra que es Cristo-*Lógos*, y subcreación, belleza y heroísmo humilde, de modo especial, en su madre la Virgen María.

Pues no en vano, profundo y desconocido en su trasfondo, Tolkien confesó en su día a un amigo, como respuesta a un comentario a *El Señor de los Anillos*: «Creo que sé exactamente lo que quieres decir con el orden de la Gracia; y, por supuesto, con tus referencias a Nuestra Señora, sobre la cual se funda toda mi escasa percepción de la belleza tanto en majestad como en simplicidad» (*C* 142).

Gracia, majestad y simplicidad acompañan al ser humano que subcreó en este mundo a la Palabra, uniendo Mito e Historia. Ser humano lleno de gracia, que albergó en sí y miró el rostro de Dios por más tiempo que nadie, que aceptó la muerte como don en unidad de cuerpo y alma. En María se halla la noble pequeñez santificada, que da paso al despliegue de Palabra y Designio al ser acogidos como dones radicales. Además, en la Virgen, subcreación es motivo de redención.

¿Pero qué ocurre cuando la palabra habla de un mundo en el que la Revelación no es conocida, en el que la muerte es parte natural del ser humano, y la esperanza no tiene garantías (*C* 181), como es el caso de la Tierra Media de Tolkien?

De acuerdo con todo lo expuesto, será objetivo de este estudio exponer la coherencia interna de la totalidad de la obra tolkieniana, y, en especial, responder al significado mítico que expresa la «muerte como don»[9] y la relación de los grandes textos académicos recién citados. El ejemplo de la propia vida personal y profesional del autor asegura que su pensamiento y obrar filológico son uno en desarrollo, fieles tanto a la filología más académica como al arte poético más natural y trascendental.[10]

---

[9] Ahora bien, la substantividad del don de la muerte apunta desde el primer momento no a su cualidad, sino a su razón de ser, pues un don es un regalo, algo dado en completa gratuidad, que responde a una relación interpersonal sustentada en amor y creación. Lejos del contrato y la obligación, comprendemos el don en tanto que donación radical del ser que llama a mirar su sacralidad, perceptible como tal al reconocer la presencia del donante mismo en el don. El hecho de que el que recibe los dones –uno mismo– sea él el primer don conlleva el reconocimiento, en él mismo, del donante; es decir, la condición de creatura y su relación para con el Creador.

[10] Antes de llegar a ser mundialmente conocido por su literatura y destacar como *el* autor del siglo XX (Shippey 2003), Tolkien era ya reconocido como eminencia en el ámbito de la

Itinerario del estudio

La verdad de la obra de Tolkien está fuera del dominio científico rebajado a leyes de causa-efecto, y responde más a un modo de estar en el mundo, un modo de mirar y de vivir, un modo de contar, que a cualquier otra cuestión. Los mitos y los cuentos de la Tierra Media remiten a la mirada al pasado, a la continuación y renovación de la tradición, y a la puesta en escena de un saber que exige por parte del oyente o lector llegar a los términos en los que se expresa.

Por esa razón, se tendrá que exponer cuál es el planteamiento lingüístico-literario de Tolkien, cuál es su uso del lenguaje: cómo y desde dónde habla. Solo una vez hecho eso se podrá tratar de qué habla. En consecuencia, el estudio habrá de situarse entre el ámbito estético y metafísico, aunando mirada artística y filosófica, para ver cómo la obra de Tolkien habla plenamente desde su propia verdad, se volvió su propio objeto de estudio y se inserta en la tradición de la que parte y a la que vuelve para iluminar.

Ahora bien, ¿cuál es el contexto previo a nuestro estudio? Arduini y Testi (2014: 9-20) recogen en su texto las publicaciones hasta su fecha de trabajos de aspecto o tema filosófico, la mayoría artículos o ensayos. A los allí referidos es necesario sumar, por el estudio de la tradición cristiana en Tolkien, Halsall (2020) y Korpua (2021) quienes tratan el trasfondo neoplatónico; Imbert (2022), Kreeger (2023), McIntosh (2017) y Testi (2019; 2024) el trasfondo tomista; Caldecott *et al.* (2002) por el análisis de la relación entre teoría fantástica, arte y subcreación; y Falzon (en Kechan 2021: 19-39) por el estudio de Tolkien junto a Buber.

Por otra parte, Farrugia y Schreyer (en Kechan 2021: 41-63), Flieger (2002; 2014), Pezzini (2025: 22-83), Ross Smith (2011: 125-54) y Segura (2004; 2011; 2021: 94-110) han trabajado sobre filosofía lingüística, y Amendt-Raduege (2018), Devaux (2001a), Ferré (2011: 165-291), Fornet-Ponse (2005), Helen (2017), Sarti (1984), Seeman (2008), Testi (2012), Vaninskaya (2020: 153-228) y Whittingham

filología, aunque siempre se le achacó haber publicado poco académicamente. Sin embargo, el valor de su obra de fantasía como investigación filológica tiene un gran peso. Para una inspección y comentario de las publicaciones y reputación de Tolkien como académico de elite, véanse Drout (2007b; 2011), George (2010: 38-52), Honegger (en Lee 2014: 27-40; 2017), Ryan (2009), Shippey (2007: 203-12), Timmons (1998) y Williams (2021).

(2008: 123-69) destacan por sus aportaciones en torno a la muerte y el heroísmo. Finalmente, Caldecott (2013: 89-98) y Spirito (2003: 11-31) tratan la temática mariana; Benítez (en Estes 2023: 121-34), Holloway (en Kerry 2013: 177-92), Hasnip (en Kechan 2021: 65-80), Milbank (en Estes 2024: 33-50), Pezzini (2025: 319-77) y Segura (2021: 201-31) la redención del arte; y Caldecott (2015), Coutras (2016), Estes (2024), Pearce (2001a) y Pezzini (2025: 149-205) el trasfondo teológico.

En cuanto al estudio de los tres grandes textos académicos de Tolkien, a pesar de las comparaciones por pares y su complementación con otros textos de (no) ficción, no se ha profundizado en la corriente que une a los tres. Sin embargo, sí es necesario destacar los trabajos que han estudiado cada texto de modo particular y que han repasado sus procesos de escritura: Tolkien (2011; 2014) y Honegger (2007b).

De modo que la investigación filosófico-literaria sobre la invención lingüística y la mortalidad en la obra de Tolkien no está satisfecha. Más aún cuando esta debe atravesar toda su obra –y en especial el itinerario señalado por el autor a lo largo de sus tres ensayos–, versar sobre la vertiente redentora de la subcreación y recogerlo todo bajo la luz de la belleza mariana.

Para llevar a cabo la tarea señalada, se darán dos grandes pasos. En primer lugar, en diálogo con el Romanticismo, se estudiará la obra de Tolkien situándola en su contexto histórico-cultural, para llegar a exponer cuál es la relación entre lengua y mitología, y cómo la palabra poética es vehículo de verdad. En segundo lugar, en diálogo con la Edad Media, se tratará de mostrar las implicaciones para con la tradición occidental de la «muerte como don», por lo que se estudiará en profundidad la relación de los grandes textos académicos de Tolkien y su *legendarium*. Capítulo a capítulo, el lector encontrará lo siguiente:

1) A partir de la guerra intelectual entre C. S. Lewis y Owen Barfield, estrechos amigos de Tolkien, se estudiará el alcance de la imaginación romántica para decir la verdad, para después 2) exponer la contribución de Tolkien en *Sobre los cuentos de hadas* en torno a la relación entre fantasía y arte. Posteriormente, expondremos 3) la teoría de la antigua unidad semántica elaborada por Barfield, y cómo, a su luz, 4) Tolkien postuló un entramado de lenguas y leyendas relacionadas con un decir prístino de la realidad y con la tradición

mitológica inglesa. Con todo ello, mostraremos cómo, para Tolkien, 5) toda lengua deriva de la percepción estética y geográfica de la gente que la habla, y, en consecuencia, la polifonía de las lenguas responde a la percepción multidimensional o mítica de la realidad.

Posteriormente, 6) estudiaremos parte de la metafísica de la Tierra Media y su relación intrínseca con el Mal, para después 7) tratar de comprender cómo Tolkien escribía en la línea de la tradición anglosajona que ennobleció lo mejor del espíritu pagano. Gracias a ello, mostraremos la relación entre los tres destacados textos académicos de Tolkien, y 8) podremos analizar su concepción de nobleza y eucatástrofe en *El Señor de los Anillos*. Finalmente, se abordarán los temas filosófica y teológicamente más profundos, en relación con el significado de la muerte como don, 9) a partir del estudio de la relación del ser humano con el arte y la belleza, y 10) con la concepción mariana en tanto que artista y figura de simplicidad y majestad.

De modo que, a lo largo de este ensayo filosófico, trataremos de comprender el significado de la obra de Tolkien como «ensayo de estética lingüística sobre la muerte y la inmortalidad». En la primera parte abordaremos *cómo* el mito es verdad en Tolkien, y en la segunda parte versaremos sobre *cuál* es el núcleo donde esta se erige.

Evidentemente, la propuesta metodológica responde al deseo de alcanzar los objetivos planteados, pero también surge del respeto por la obra que se pretende estudiar. Tolkien (*C* 131) expuso que su *legendarium* siempre creció con él; no recordaba momento en el que no hubiera estado edificándolo. Es decir, estaba escrito con la sangre de su vida (*C* 109), y llegó incluso a pesarle demasiado en la mente cuando no veía la oportunidad de publicarlo a su gusto (*C* 135), de modo quc su mucstra, tras la publicación de *El Señor de los Anillos* en 1954-1955 y la malsana lluvia de críticas, fuera sentida como la exposición de su corazón a disparo (*C* 142). Solo Tolkien conocía en verdad el alcance y valor de su obra, y el disgusto por su incomprensión y mal uso (*C* 210).

Por esa razón, antes de abordarlo, es necesario preguntarse cómo acercarse al *legendarium* de Tolkien. La experiencia dicta que, además de sin prejuicios y con sumo respeto, ante una tarea como la señalada, no es sostenible una composición histórica y lineal. Además, es importante tener en mente la consideración de Tolkien sobre el estudio de obras de arte. Le disgustaban el análisis y la disección, como si fuera posible o tuviese sentido desmenuzar un cuerpo para ver individualmente la función de cada parte y así volver a unirlo todo y entender su funcionamiento (*C* 346). Él mismo cita las palabras de Gandalf al respecto: «Aquel que quiebra algo para averiguar qué es, ha abandonado el camino de la sabiduría» (*C* 329).

A su vez, tampoco aprobaba el excesivo uso de datos biográficos como argumentos de significado, porque la verdadera obra de arte es independiente respecto al autor (*C* 199, 213, 340). Pues si un artista ha logrado algo de valor imperecedero, no se debe a sus oscuridades o características histórico-temporales, sino a aquella parte del alma que conserva pura y ha sido agraciada desde un plano externo a la causalidad.

Además, entender a un artista se logra adentrándose en su mundo, no recreando el mundo con el que luchaba. Por ello, los datos biográficos no serán más que soportes para enmarcar el estudio de la obra de Tolkien, y se darán allí donde el tema de investigación lo exija.

PRIMERA PARTE:

MITOPOEIA

I.

Imaginación poética

Dicha

Pasados los oscuros años de 1914-1918, durante toda la década de 1920, otra Gran Guerra tuvo lugar. Pero sucedió sobre el terreno de la amistad y para enriquecimiento mutuo de las partes contendientes. Clive Staples Lewis y Owen Barfield[11] se conocieron en Oxford en 1919, a la vuelta de Lewis de servir en Francia durante la Primera Guerra Mundial, y pronto vieron que se interesaban por las mismas cuestiones, pero que las contestaban de distinta manera. Capaces como eran, sus conversaciones versaban sobre muchos temas, siempre en profundidad, y no cedían fácilmente ante el otro. Su Gran Guerra particular fue el conjunto de sus discusiones intelectuales.

Su principal tema de disputa, demarcado por el agudo racionalismo de Lewis y por el enfoque antroposofista de Barfield, era aquello que ambos experimentaban al leer poesía o al contacto con la naturaleza, y su conexión, desde la imaginación, con el conocimiento y la verdad:

[11] C. S. Lewis (1898-1963) nació en Belfast y se formó y enseñó en la Universidad de Oxford hasta que en 1954 aceptó la nueva cátedra de Literatura Inglesa Medieval y Renacentista en la Universidad de Cambridge. Conocido por sus escritos apologéticos cristianos, pasó de su juvenil ateísmo a la fe en compañía de sus amigos. Owen Barfield (1898-1997) nació en Londres y también se formó en Oxford. Conocido por su adhesión al pensamiento de Rudolf Steiner, trabajó como abogado y enseñó en numerosas universidades estadounidenses entre 1964-1984, tras su jubilación.

la Dicha (*Joy*). El valor de sus vivencias estéticas los llevó a pensar, independientemente y en conjunto, desde cómo y qué se conoce, al ser y lugar del ser humano en el mundo. Pues la Dicha no solo es momentánea y parcial alegría sobre la que el pensamiento se vuelca necesariamente; conlleva también, y al mismo nivel, un deseo de volver a alcanzar o recuperar lo experimentado, un anhelo que hace saberse al ser humano en alejada situación de aquello que lo hace sentirse más pleno; un exilio o dolor, tal como *Sehnsucht* indica en alemán. Con el tiempo, Lewis comprendería que la Dicha no se vuelve a retomar a voluntad, sino que es necesaria otra iniciativa exterior, además de la propia, para ese momento de gloria.[12]

Por aquel entonces era suficiente trabajo para Lewis comenzar a aceptar, dentro de los parámetros de la razón, un lugar para algo más allá de la mera materia, un espíritu sobre lo natural, que llegaba hasta el interior del ser humano a través de la belleza. Aún faltaba tiempo para aceptar a Dios, y más para saberlo Persona, pero desde que fuera niño, desde que perdiera a su madre sin haber cumplido los diez años, recuperaba la noción de alma y de su posible contacto con algo metafísico, inmaterial o superior.

Gracias a dicha postulación, Barfield le hizo ver que situar el pensamiento dentro de las coordenadas espacio-temporales del realismo positivista no era coherente, y que era momento de situar la conciencia acorde al teísmo o idealismo filosófico. De este modo, dentro de un marco racional, la idea de causa última encontraba una vez más su lugar, afianzando el camino para comprender un interés por parte de esta respecto a su creación.

Así pues, Barfield mostró a Lewis que las exigencias éticas y estéticas del contacto con la naturaleza y el arte apuntaban a un valor por encima de lo relativo. Ningún juicio moral o lógico, y mucho menos una experiencia de la Dicha, encuentra su razón de ser en la subjetividad de la mente, pues su valor reside en sí mismo. Acorde a ello, Lewis comprendió que la conciencia humana, libre, se sabe y dirige a una participación en los principios del cosmos. Ahora bien, era una experiencia dichosa en particular la que interesaba a estos hombres: aquella vehiculada por la poesía lírica. Y fue Barfield quien

---

[12] Para el estudio y la exposición de la Gran Guerra entre Lewis y Barfield, seguimos a Feinendegen y Smilde (2015), Feinendegen (2018), Kuhn (1971), Thorson (2015) y Ward (2011). Véanse también la autobiografía de Lewis (2006) y la biografía sobre Barfield (Blaxland de Lange 2021).

investigó este punto en profundidad como parte de sus estudios en Oxford, que concluyeron con la publicación en 1928 de *Poetic Diction*, donde expuso que el placer producido por la poesía no se limita a mero entretenimiento, pues consiste en un sentido cambio o notable expansión de conciencia, que es o genera conocimiento.

Sentido y conocimiento

Para Barfield, la experiencia estética no se limita al gozo, sino que es conductora de nuevo conocimiento. La intensidad de esa experiencia, en poesía, proviene de la metáfora, la cual hace surgir imaginación estética, a partir del nuevo significado que las palabras, seleccionadas y ordenadas de manera concreta, hacen emerger. La nueva relación hallada entre los objetos que el poeta muestra, basada en su natural correspondencia, a través de la expansión del significado de las palabras en cuestión, origina en la imaginación una nueva serie de correlato significativo, el cual puede aplicarse en la posterior experiencia de mundo. En esta relación, gracias a la nueva visión lograda por la dicción poética, nuevos conocimientos, incluso distintos de los ya entendidos mediante la metáfora, pueden ser obtenidos. *Poetic Diction* es, por lo tanto, una teoría –expectación y participación en toda regla– de la poesía como vehículo de conocimiento.

De modo que la dedicada y pretendida construcción de palabras por parte del poeta, que alberga una musicalidad especial, crea nuevos puentes mediante la metáfora, al posibilitar el encuentro de nuevos significados en la naturaleza o las artes, más allá de la metáfora misma. Ahora bien, el poeta nunca parte de la nada, sino que se proyecta desde una tradición, lo cual lleva a pensar que hasta sus nuevas metáforas son también el despliegue de lo que en el pasado ya se había sembrado. Soskice (1985: 95)[13] escribió unas palabras, muy citadas, que aclaran y ejemplifican lo expuesto:

> Cuando hablamos del camello como «el barco del desierto», la irreductibilidad relacional de la metáfora reside en las sugerencias

[13] La traducción al castellano del fragmento en inglés de Soskice es nuestra, así como también en el caso de Barfield, Clark, Coleridge, Fisher, Greenwood, Harvey, Lewis, Noel, Reilly y Wordsworth.

> potencialmente ilimitadas que se evocan al considerarlo como un modelo de barco: los corolarios implícitos de un movimiento oscilante, una carga pesada y preciosa, una vasta naturaleza salvaje, una ruta trazada por las estrellas, puertos de escala lejanos, etc. Decir simplemente «camello» no evoca estas asociaciones en absoluto, y la dificultad con la postura de quienes, como Hobbes, sugieren que deberíamos sustituir nuestras metáforas por «palabras propiamente dichas» radica en que estas no expresan lo que queremos decir.

¿Pero ese salto imaginativo conlleva en sí mismo la captación de conocimiento? Lewis disentía. Para él, la experiencia imaginativa, poética o de cualquier otro tipo, no ofrece conocimiento porque no permite al mismo tiempo contemplar la verdad o falsedad del sentido o significado hallado. Por ello, tras la imaginación poética, Lewis exigía el ejercicio de la razón en la aceptación de conocimiento, para demostrar la verdad objetivamente. Sin embargo, para Barfield, la experiencia estético-imaginativa y contemplación de su verdad no son mutuamente excluyentes, sino que pueden darse juntas en la imaginación participativa, concluyendo que esta es vehículo de verdad.

Dicho brevemente, si bien la Dicha e imaginación poética eran sus momentos más lúcidos, para Lewis, el pensamiento discursivo había de obrar después, testando la verdad del sentido encontrado. Al contrario, para Barfield, la lógica o razón, que podía llegar a ejercerse conscientemente durante el gozo, no era creadora de nuevo sentido o conocimiento, sino tan solo ayudante para afianzarlo. En otras palabras, Barfield comprendía la imaginación no como un camino hacia el conocimiento, sino como *el* camino. De este modo, Lewis consideraba a la imaginación el órgano de sentido, y Barfield, el órgano de conocimiento.

Así pues, para Lewis, a través de la metáfora, la imaginación era condición de verdad y no su causa. No obstante, ello implica algún tipo de verdad o rectitud en la imaginación misma, porque lo logrado mediante la metáfora exige que esté de alguna manera en ella. Por todo ello, mientras que Lewis definía la verdad como proposición declarativa de lo dado en la realidad, Barfield consideraba verdad a la realidad trascendente que se muestra como realidad dada mediante la imaginación.

Sin embargo, aunque Lewis no aceptara que la experiencia estética e imaginación sean dadoras de conocimiento, deseaba que sus experiencias de la Dicha e imaginación poética fueran válidas. Y algo debió de quedar en claro en él en sus conversaciones con Barfield, pues comprendió que la búsqueda de la Dicha, mediante la dicción poética o de otra manera, implica separación de aquello con más sentido que lo hallado a simple vista, y que es posible de conocer: lo Otro transcendente y rector.

Y en el verano de 1929, tras años de discusión filosófica y miedos de dejar entrar en su estructura de pensamiento racional a la superstición, Lewis se arrodilló y rezó. La Gran Guerra entre Lewis y Barfield había acabado, dejando atrás dos elementos en el camino del primero: el realismo y la suposición de que lo pasado quedaba superado, desacreditado.

Ahora bien, ¿cuál era la postura del Romanticismo filosófico, fundamento sobre el que se basaba aquella Gran Guerra? ¿Cómo comprendieron los románticos la relación entre imaginación y verdad? ¿Era la dicción poética para ellos valiosa en cuanto conocimiento? Tales preguntas son de suma importancia, y Tolkien mismo trataría de responderlas en *Sobre los cuentos de hadas*.

Visión de poeta

Barfield apunta a la búsqueda de conocimiento de la realidad profunda, de ese otro mundo en el que los románticos buscaban participar. Sin embargo, en su acercamiento, pronto llegó a la conclusión general de que el «romanticismo nunca se había realizado, de que a pesar de Coleridge y Goethe nunca había sido filosóficamente 'justificado'. Fue en este punto de sus estudios que descubrió la obra de Steiner» (Reilly 2006: 16-17).

En la obra del recién mencionado pensador austríaco, Rudolf Steiner, en línea con la morfología de Johann W. von Goethe, Barfield encontró al Romanticismo filosófico alemán en su madurez, pues presentaba una epistemología de la imaginación orgánica como vehículo de conocimiento. Con ello y a través de la psicología de Samuel T. Coleridge, Barfield ensayaría en su obra la base filosófica que al Romanticismo filosófico inglés le faltara, respondiendo a la cuestión de fondo: ¿Qué es *imaginatio vera*? ¿Cómo la imaginación *es* verdad? Comencemos por atender a las siguientes palabras de Harpur:

> Una de las innovaciones distintivas del pensamiento occidental ha sido la de transformar el Otro Mundo en una abstracción intelectual. Tal abstracción se ha formulado principalmente de tres maneras: como el Alma del Mundo, como la imaginación y como el inconsciente colectivo. Los dos últimos modelos del Otro Mundo presentan la excentricidad añadida de situarlo dentro de nosotros (2013: 72).

La primera formulación del Anima Mundi [*ψυχή κόσμου*] se encuentra en Platón (*Timeo* 30b-33b), acorde a la *psique* como principio subyacente de toda la realidad. La última formulación, la más reciente, se remonta a las investigaciones de Carl G. Jung, a través del inconsciente colectivo. Pero entre el revivir neoplatónico renacentista, para el que el Alma del Mundo era la psique del cosmos, exterior o mayor al ser humano, y el moderno encuentro de su estructura en la profundidad interior del alma humana, los románticos también entendieron la imaginación tanto como la facultad de crear imágenes como el otro mundo mismo. Es decir, la Imaginación como verdadera realidad, donde también, o precisamente, se encuentra lo fantástico.

A decir verdad, los románticos compartían la noción de imaginación como vía primera de alcanzar la realidad y como la realidad misma. Acorde a ello, las hadas y dríadas están en la imaginación no porque el ser humano las sitúe sobre seres, objetos o lugares, sino porque *son* tales seres o agentes en objetos y lugares. William Blake decía que la Naturaleza es la propia Imaginación, y que para aprehenderla ha de trabajarse la doble visión que no ve con el ojo, sino a través de él (Yeats 1971). La mente imaginativa, por lo tanto, no es el pasivo espejo de una mecanizada naturaleza, como diría John Locke, sino que participa en la Mente imaginativa y encuentra lo real. De modo que la imaginación ase el mundo con exuberante creatividad, pues pensar sobre la naturaleza es pensar la Naturaleza misma. Tal como resume Harpur:

> En realidad, la idea de *doble visión* no implica, en definitiva, ver dos cosas a la vez ni traducir una cosa a otra. Debería ser un modo único de visión, formado, como si dijéramos, dentro del ojo, en el

> que la duplicidad de las cosas –como en las mejores metáforas– es evidente a la mirada porque estamos simultáneamente viendo, y viendo a través de lo que vemos (2013: 322).

Para los románticos, la relación para con el mundo no era dualista y de corte cartesiano-kantiana, sino participativa. No concebían la realidad separada, continente de sí misma y hecha para ser reducida a materia y mecánica objetiva, sino como despliegue de significativas expresiones inteligibles para la mente humana. De ahí que les fuera imperante recobrar la noción de imaginación como la facultad creativa que constituye el mundo tal como es, como lugar o diálogo de encuentro con la naturaleza misma, que restaura la relación entre el ser humano y los demás seres vivientes (Richards 2002: 15-203; Wellek 1963). Para esa relación de unidad esencial entre ser humano y Naturaleza, Coleridge elaboró una visión de la imaginación que Barfield recogió para elaborar una base teórica sólida que sostuviera la presencia de la mente consciente y discerniente en la imaginación poética.

Reformulación de lo divino

Fueran cristianos, teístas o ateos, los poetas románticos eran todos doctos en el estudio de la Biblia y compartían el interés en elaborar un sistema de salvación dentro de marcos de referencia –fuesen seculares o paganos– acordes a la razón y condición humanas. Es decir, comparaban su empresa con el logro teo-poético de John Milton u otros anteriores poetas volcados a la Biblia, y traducían a conceptos y términos, adecuados a su época histórico-intelectual, la doctrina religiosa de la caída, redención y brote de la nueva tierra paraíso. Siguiendo a Thomas Carlyle, la tendencia era naturalizar lo sobrenatural y humanizar lo divino, o parafraseando a Thomas E. Hulme (1960), verter la religión en nuevos odres (Abrams 1992: 21-28; 52-55; 166-87).

En primer lugar, la figura de Cristo pasó a concebirse como punto de inflexión creativo en la historia, y solo afectaba como fuente de inspiración.[14] Al quedar relegada su importancia como Salvador, muchos se apoyaban en la idea del poder redentor de la creatividad

[14] Recuérdese la analogía de Blake: Jesús como Imaginación.

–ahora divina– del ser humano, que, como individuo, había de buscar la unión de su espíritu con la Naturaleza, sin intervención divina exterior. De modo que el sosiego de uno mismo y el equilibrio con lo demás planteaban la posibilidad de redención y alcance del paraíso en este mundo. Por lo tanto, los románticos, como poetas, y especialmente Coleridge como filósofo, buscaban el modo de redimir o salvar al ser humano a través de su reconciliación con la Naturaleza.

Pero el esquema de pérdida y recuperación del paraíso, al alejarse de la ortodoxia cristiana y apoyo divino, postuló un movimiento circular. Desde las *Enéadas* de Plotino a la *Lógica* de G. W. Friedrich Hegel, se ha figurado filosóficamente una vuelta sobre sí mismo, hasta el punto de llegar a negar toda cicatriz de ruptura y unión, comienzo y final, equiparando premisa y conclusión.[15] El poeta se vuelve así visionario de la culminación de la historia, que es capaz de percibir, tal como dirían Angelus Silesius o Johann G. Hamann, la revelación del Creador tanto en las Escrituras como en la Naturaleza. Dios (se) impregna en la naturaleza, lo que conlleva concebir que estrechar la relación del ser humano, en su soledad, con ella es harto suficiente para la salvación (Schenk 1983: 83).

Lo importante a tener en cuenta es que, en el Romanticismo, las dos grandes categorías estéticas del siglo XVIII, lo bello y lo sublime, volvieron a pensarse teológica y moralmente al ser trabajadas *sobre* el paisaje o la naturaleza. Surgió la pregunta: ¿Por qué lo (in)visible (y peligroso) en la creación? Aunque la respuesta del moderno poeta tenga pretensión de servir a toda la humanidad, está solo ante este cometido. Pero lo importante es que *ve*.

Abrams (1992: 383), siguiendo a Carlyle, expone que el poeta, al ver *nuevamente* el mundo, lo hace nuevo –*vates* latino y *poietes* griego sintonizan–. Ver y hacer nuevo se corresponden en la dicción del bardo, dado que este da cuenta de aquello que ahora ya no se ve, o dice lo que es en vez de lo que parece ser. En otras palabras y uniendo ambas acciones: el poeta nombra lo real. Ese ver, por lo tanto, es la recuperación de lo Otro real; ese crear, por ende, es la renovación

---

[15] Esta perspectiva de lo perfecto –círculo dialéctico en espiral en el sistema hegeliano– desvía el modo de entender la redención, pues su contenido de elevación es vertido como reintegración, olvidando todo un compuesto salvífico-religioso esencial; algo también comprendido y señalado por la «U» antroposófica. Pero este tipo de postulados se alejan de la concepción cristiana ortodoxa, al suscitar la interpretación de Dios *haciéndose* Dios; más divinidad en Omega que en Alfa.

del mundo. Es en este contexto en el que Coleridge se esforzó en aclarar varios conceptos, otorgando a la imaginación la capacidad de refrescar, renovar o recrear la realidad, y así aunar lo nuevo con lo viejo, sin distorsión alguna.

Distinción de Coleridge

En 1812, en un artículo para *Omniana* de Robert Southey, Coleridge expuso la siguiente distinción entre fantasía e imaginación: «la imaginación, o poder modelador o modificador; la fantasía, o poder agregativo y asociativo». Tal explicación le pareció a William Wordsworth demasiado general. En 1815 la desafió en *Poems, with a New Preface* (2008: 635), diciendo que «agregar y asociar, evocar y combinar, pertenecen igualmente a la imaginación y a la fantasía» (en Coleridge 1971: 160).

En el capítulo XIII de su *Biographia Literaria*, publicada en 1817, como respuesta también a la teoría poética que Wordsworth expuso en 1802 en su prefacio a *Lyrical Ballads* (2008: 603-11), obra en la que Coleridge había participado, este se vio suscitado a ofrecer una explicación más detallada, en la que se encuentran sus siguientes famosas palabras:

> Considero la imaginación como primaria o secundaria. Considero que la imaginación primaria es la fuerza viva y el agente primordial de toda percepción humana, y una repetición en la mente finita del acto eterno de creación en el infinito YO SOY. Considero que la secundaria es un eco de la primera, coexistente con la voluntad consciente, pero idéntica a la primaria en su tipo de acción, y diferenciándose solo en grado y modo de operar. Disuelve, difunde, disipa para recrear; o cuando este proceso se vuelve imposible, aun así lucha por idealizarse y unificarse. Es esencialmente *vital*, aun cuando todos los objetos –en cuanto objetos– son esencialmente fijos y muertos.
>
> La fantasía, por el contrario, no tiene más recursos que fijezas y certezas. La fantasía no es otra cosa que un modo de memoria emancipado del orden del tiempo y el espacio, y fusionado y modificado por ese fenómeno empírico de la voluntad que

> expresamos con la palabra *elección*. Pero, al igual que la memoria ordinaria, debe recibir todos sus materiales ya preparados de la ley de la asociación (1971: 167).[16]

Ahora bien, la relación de la imaginación para con la verdad no se halla elaborada entre esas líneas, ni en el resto de sus escritos, pero es importante atender al carácter que adquirió entre los románticos en tanto que creatividad, más allá de la mera representación figurada de la información captada por los sentidos. Para ello, hemos de estudiar la crítica de Coleridge al esquema cartesiano y a la vía científica pavimentada por Francis Bacon e Isaac Newton, que llevaron a estudiar la naturaleza como devenir y fenómeno, en continua cadena de causa-efecto, incapaz de avanzar más allá de la premisa implícita de no buscar aquello que no produce otro fenómeno.

El problema, para Coleridge, se remonta hasta Aristóteles, y el romántico concluye que no ha de confundirse *natura naturata* –el total de hechos y fenómenos– con *natura naturans* –el poder nouménico subyacente–. Su crítica a la ciencia de su tiempo consistió en aclarar que la fuerza generadora no es del mismo tipo que lo generado. Según él, el error de la ciencia de su época fue identificar tal fuerza como ley que gobierna el mundo, cuyo efecto se ve en el producto. Por ello, concluía, dicha ciencia no se preocupaba por la naturaleza, sino por sus reduccionistas categorías sobre esta. Faltaba –y en gran medida sigue faltando– una ciencia *de* la naturaleza.

El problema para los científicos y filósofos ilustrados era que, aunque la *natura naturans* señalada por Coleridge no fuera sobrenatural, no dejaba de ser suprasensible, y por lo tanto irreductible a dato. ¿Y cuál es esa fuerza *en* la naturaleza que trabaja *como* naturaleza? Precisamente aquella que se aleja del común esquema mecánico, dice Coleridge: «Esencialmente una (es decir, de un tipo) con la inteligencia, que está en la mente humana por encima de la naturaleza» (en Barfield 2014: 83).

Hallamos, por lo tanto, la unión entre ser humano y mundo que no cae en la dicotomía *res cogitans-res extensa* o su evolución ilustrada. Pues Coleridge defiende que, aunque la externalidad de los objetos

[16] Téngase en mente la definición de imaginación de Wordsworth y su relación con la razón: «Otro nombre para el poder absoluto / Y la visión más clara, la amplitud de mente, / Y la Razón en su más excelso estado» (*The Prelude*, XIV). *Cfr.* Wordsworth (2008: 629-39) y Powell (1962: 145-48). Sobre la necesaria distinción entre *fancy* e *imagination*, véanse Coleridge (1971: 48-53) y Stockitt (2011: 63-68).

se experimente a diario, palpable mediante los sentidos, también es de sentido común que ver es creer, pues lo fenoménico está continuamente en la mente humana. El dualismo mente-materia, por lo tanto, deja paso a la comprensión de que el poder intrínseco de la naturaleza es el del intelecto. Si el producto –*natura naturata*– es indivisible de la fuerza que lo genera –*natura naturans*–, y esta es igual a la inteligencia, la naturaleza sensible –el mundo fenoménico– y la naturaleza inteligible –el mundo nouménico– son indisolubles del poder del intelecto.

El problema del cartesianismo y del kantismo, para Coleridge, era hacer de la externalidad de los objetos conclusión del juicio además de ley de la naturaleza. Mediante esta ley, en todo acto de percepción consciente, uno se identifica en contra, en distinción con el mundo externo a sí mismo. Pero uno también ha de aceptar que esa misma externalidad es igual e inmediata a su autoconciencia. De ahí que Barfield concluya con Coleridge: «Porque de todo lo que vemos, oímos, sentimos y tocamos, la sustancia está y debe estar en nosotros mismos; y por lo tanto no hay alternativa entre la triste (y ¡gracias al cielo! casi imposible) creencia de que todo lo que nos rodea no es más que un fantasma, o que la vida que está en nosotros está también en ellos» (2014: 89).[17]

Así pues, emergiendo de una inconsciente relación con la realidad fenoménica a una consciente, se llega a mayor grado de control del poder del intelecto en su relación de estudio e interacción con la realidad. Y comprendido esto, para Coleridge es importante diferenciar dos fuerzas de un mismo poder:

> Este no es un símbolo inapropiado de la propia experiencia de la mente en el acto de pensar. Evidentemente, hay dos poderes en acción, que son activos y pasivos entre sí; y esto no es posible sin una facultad intermedia, que es a la vez activa y pasiva. (En el lenguaje filosófico debemos denominar *imaginación* a esta facultad intermedia en todos sus grados y determinaciones. Pero en el lenguaje común, y especialmente en el ámbito de la poesía, asignamos el nombre a un grado superior de la facultad, unido a un control voluntario superior sobre ella) (1971: 72).

[17] *Cfr.* Coleridge (1963) y Powell (1962: 91-121).

De modo que la distinción entre imaginación primera y segunda es de grado, y tan solo de carácter por conveniencia del tipo de discurso. Es decir, imaginación, fantasía, percepción, entendimiento, no son facultades separadas en la nomenclatura psicológica de Coleridge. La relación e interacción que la imaginación causa entre el ser humano y la naturaleza, por lo tanto, muestra una barrera permeable, y no la fija frontera cartesiano-kantiana, pues el acto de imaginar y lo imaginado son lo mismo. En definitiva, por encima de memoria y asociación –*fancy*–, sobre la mera interacción con el mundo –imaginación primera–, es importante distinguir la imaginación segunda: la fuerza que, además de trabajar *sobre* la Naturaleza, lo hace *en* ella (Barfield 1973: 28; 2014: 103-05; Coleridge 1971: 139). En esa línea se sitúa el reproche de Gandalf a Saruman cuando este escogió el camino del dominio:

> —¡El blanco! —se mofó—. Está bien para el principio. La ropa blanca puede teñirse. La página blanca puedes cubrirla de letras. La luz blanca puede quebrarse.
>
> —Y entonces ya no es blanca —le dije—. Y aquel que quiebra algo para averiguar qué es, ha abandonado el camino de la sabiduría (*CA*, II, II, 270).[18]

El ser, por lo tanto, está en la imaginación, en la respuesta poética, en todo nombre derivado del asombro ante la presencia. Nombrar es (re)conocer el sentido que se presenta, y sustentarse en una red de relaciones, crear o fundar mundo. Por eso es creativa la imaginación, por eso naturaleza y mente son una misma Naturaleza y Mente. Es decir, más allá de jugar, fantasear, disolver, refundir, modificar, los materiales de la realidad, la imaginación es capaz de equilibrar o reconciliar las nuevas percepciones de esta con sus elementos. Y esto es lo más cercano, lo más análogo a la Creación, que se puede concebir en términos románticos, al saber que la imaginación es creativa en la realidad misma. En conclusión, el poeta es aquel cuya visión se abre a la maravilla y novedad prístinas del paraíso, y se concibe creador (Abrams 1992: 385-87).

La distinción de las dos imaginaciones de Coleridge pretende arrojar luz sobre ello. Para el poeta, la memoria es mecánica, dado que

[18] Veánse *DT*, IV, IX, 751 y Simpson (2015).

funciona como espejo, y fantasía –*fancy*–, pasiva, pues su capacidad de alteración se basa en la yuxtaposición. Por el contrario, la imaginación (segunda) es activa y consciente, pues recrea mediante síntesis o fusión, y alcanza a ver lo que no se presenta a ojos corporales y no está previamente en la memoria. Llega a la dimensión transcendente o profunda de la realidad.

Pero Coleridge no logró avanzar en su argumentación filosófica de modo satisfactorio ante la consolidación del positivismo, tal como le ocurriera a Goethe. ¿El poeta nombra el fenómeno o el noúmeno? ¿Nombra y salva las apariencias o acoge al ser? ¿Alcanza la verdad? ¿En qué términos? En el Romanticismo no llegaron a formular coherente, sólida y convincentemente una filosofía como en la Ilustración.

Coleridge llegó a afirmar en el capítulo XIV de su *Biographia Literaria* (1971: 172): «Un poema es esa especie de composición que se opone a las obras científicas proponiendo como objeto *inmediato* el placer, no la verdad». Y Wordsworth, en el ensayo que acompañó al nuevo prefacio de *Poems* en 1815 (2008: 641): «El trabajo propio de la poesía (que, sin embargo, si es genuina, es tan permanente como la ciencia pura), su empleo propio, su privilegio y su *deber*, es tratar las cosas no como *son*, sino como *aparecen*, no como existen en sí mismas, sino como *parecen* existir para los *sentidos* y las *pasiones*».

Es decir, el Romanticismo no alcanzó la madurez filosófica suficiente ante la razón y ciencia seculares. El golpe de gracia hubo de llegar finalmente de manos del utilitarismo, para el que la poesía puede versar sobre la verdad, adornar el conocimiento científico, pero es indiferente a este teóricamente, pues su objetivo no es aseverar proposiciones, sino ser expresión por sí misma. Afirmaciones que rebajan el hondo interés de los románticos, pero que están presentes en ellos, tal como acabamos de ver en palabras de Coleridge y Wordsworth.

En el ámbito inglés, la pregunta por el valor cognitivo de la poesía no hallaría esfuerzo y planteamiento de respuesta exigente hasta la aportación de Barfield en 1928 con *Poetic Diction*. Y 11 años después, en 1939, a raíz de su famosa conferencia *Sobre los cuentos de hadas* en la Universidad de St. Andrews, Tolkien añadió su propio parecer, y aclaró la relación entre imaginación, fantasía y arte.

II.

Fantasía

En *Sobre los cuentos de hadas*, Tolkien versa sobre la naturaleza y fin del cuento de hadas, en tanto que género narrativo propio. Y a pesar de que no nombra a Coleridge, este es aludido en el trato de dos elementos: la contestación a la «voluntaria suspensión de la incredulidad» mediante la «creencia secundaria» y la restauración de fantasía a partir de la imaginación.

Coleridge utilizó por primera vez el término «voluntaria suspensión de la incredulidad» en el capítulo XIV de su *Biographia Literaria* –justo tras el capítulo XIII, cuyo contenido hemos tratado antes–, y Tolkien hubo de criticarlo, al no aceptar con los románticos que la facultad creativa sea reconocida en la imaginación. Para Tolkien, esta corresponde, única y legítimamente, al arte:

> Una cosa, o un aspecto es el poder mental para formar imágenes, y su denominación adecuada debe ser Imaginación. La percepción de la imagen, la aprehensión de sus implicaciones y su control, necesarios para una eficaz expresión, pueden variar en viveza y vigor; pero ello supone una diferencia de grado con respecto a la Imaginación, no de esencia. El logro de la expresión que proporciona (o al menos así lo parece) «la consistencia interna de la realidad» es ciertamente otra cosa, otro aspecto, que necesita un nombre distinto: el del Arte, el eslabón operante entre la Imaginación y el resultado final, la Subcreación (*SCH* 169-70).

Según Tolkien, mediante la voluntaria suspensión de la incredulidad, en tanto que llamada al receptor a apartar el realismo para disfrutar de la maravilla, el Romanticismo pierde la capacidad de otorgar a la poesía base epistemológica, pues se trata de una llamada a un «como si», un pedir «imagine por un momento que es verdad». Es decir, no es consistente, sino incapaz de vehicular verdad.[19] El poeta, a lo sumo, logrará sacar de las sombras de su imaginación el incentivo suficiente para que el receptor aparque por un leve momento sus facultades críticas. Y Tolkien tratará de salvar la situación mediante una nueva vía estético-filosófica.

Imaginatio y *phantasia*

Para Tolkien, el lenguaje especializado –como el de Coleridge– entendía mal el sentido de imaginación, por lo que lo primero para él era devolver a la voz su significado latino, rescatarlo de extensiones que lo ligasen a la animación o infusión de cualidades.[20] La imaginación es para Tolkien *imaginatio*, capacidad intelectiva de formar imágenes en ausencia del objeto sensorial. Pero Tolkien no la equipara con su homóloga griega *phantasia*, sino que otorgaría a esta la cualidad de imaginación secundaria o intelectualizada de Coleridge:

> Soy consciente, y con gozo, de los nexos etimológicos y semánticos entre la *fantasía* y lo *fantástico*: entre la fantasía y las imágenes de cosas que no solo «no están realmente presentes», sino que con toda certeza no vamos a poder encontrar en nuestro mundo primario, o que en términos generales creemos imposibles de encontrar. Pero, aun admitiendo esto, no puedo aceptar el tono peyorativo. Que sean imágenes de cosas que no pertenecen al mundo primario (si tal cosa es posible) resulta una virtud, no un defecto. En este sentido, la fantasía no es, creo yo, una manifestación menor, sino más elevada del Arte, casi su forma más pura, y por ello (cuando se alcanza) la más poderosa (*SCH* 170).

[19] Tomko (2016: 51-60) expone que, en época de Coleridge, lo normal era el escepticismo, por lo que *willing suspension of disbelief* deja patente esa norma de incredulidad y fracaso al exigir una doble negación: *not to dis*-belief. *Cfr.* Helms (1974: 17-20).

[20] Véanse Barfield (2007: 117; 213-18), Duriez (1998) y Engell (1981).

En otras palabras, la imaginación es la capacidad de formar imágenes ante la falta de aquello que representa; la fantasía, la misma facultad, pero en mayor grado, pues las imágenes que capta y proyecta son de seres, eventos, lugares u objetos que no pertenecen a este mundo.[21] La imaginación fantástica, por lo tanto, además de indicar que la realidad es mucho más rica y abundante que lo presente al alcance de la mano, recupera con Tolkien, tal como veremos a continuación, lo que Coleridge le había negado: su capacidad para alcanzar unidad estética –coherencia interna de la realidad– y su conexión con la realidad –el valor de verdad–.

Para Tolkien, por lo tanto, fantasear, lejos de provocar voluntaria suspensión de la incredulidad, consiste en nada más y nada menos que en «el poder del encantador», la capacidad de asociar – alterar, conjugar– ideas o impresiones mediante «los poderes de generalización y abstracción»; es decir, transformar, y no presentar mecánicamente, en disociación.[22] Fantasear es, en consecuencia, actividad racional, que quiere suscitar una situación distinta a la alcanzada mediante la percepción de la realidad empírica: la creencia secundaria. Ahora bien, para comprender el gran salto cualitativo entre el Romanticismo y Tolkien, de la voluntaria suspensión de la incredulidad a la fe secundaria, algo es fundamental: el cristianismo.

Subcreación

Como nexo entre el Romanticismo, el cristianismo y los inklings –el grupo de amigos formado, entre otros, por Barfield y Tolkien alrededor de Lewis–, destaca George MacDonald, poeta y ministro escocés, por el que estos sentían gran aprecio. En sus escritos hallamos una profunda reflexión sobre la imaginación y la capacidad creadora, y vemos ya el anticipo del concepto tolkieniano de subcreación. Para

[21] Dicha distinción podría estar basada en que *imaginatio –imago–* está emparentada con *imitatio*, y que la imagen mental de lo sensorial exige certeza y detalle, mientras que *phantasia* –a diferencia de *eikasia*– conlleva en sí creatividad. *Cfr.* Coleridge (1971: 54-61).

[22] Milburn (2010: 55-59) demuestra cómo la definición de Fantasía –Faërie– de Tolkien, que se expresó de modo distinto con los años, fue siempre consistente en todas sus vertientes, y que en cuanto «lugar o plano en el que las hadas tienen su ser» (*SCH* 140), recoge el postulado romántico de Imaginación como la Naturaleza misma –su poder creativo interno, oculto, la *natura naturans* mencionada por Coleridge–, y por lo tanto, como Magia. Sobre el poder del encantamiento y la tradición romántica germana, véase Eilmann (2017: 365-410).

empezar, todavía aceptablemente en marcos románticos, veamos cómo MacDonald equiparó la imaginación humana con la divina:

> Indagar en lo que Dios ha hecho es la función principal de la imaginación. Se despierta con los hechos, se nutre de hechos, busca leyes cada vez más elevadas en tales hechos, pero se niega a considerar la ciencia como la única intérprete de la naturaleza, ni las leyes de la ciencia como el único campo de descubrimiento [...] La palabra en sí significa *imaginar* o crear semejanzas. La imaginación es la facultad que da forma al pensamiento [...] Es, por lo tanto, la facultad en el ser humano que más se asemeja a la operación primera del poder de Dios, y por ello se le ha llamado la facultad *creativa*, y su ejercicio, la *creación* (1885: 2).

Para MacDonald, la imaginación busca semejanzas y no quiere verse ahogada por el imperio de la ciencia, sobre todo, porque es la facultad que más acerca al ser humano a Dios. Esto mismo lo marcaba ya Coleridge al equiparar la imaginación humana con la divina en su «repetición en la mente finita del acto eterno de creación en el infinito YO SOY». Pero al respecto MacDonald ve importante recalcar algo, y toma cierta distancia: «Es mejor guardar la palabra *creación* para esa llamada de la nada que es la imaginación de Dios» (1885: 3).

MacDonald tiene claro que, igual que el ser humano es pensamiento y creación de Dios, y sabiendo que este imprimió su impronta en aquel, nada en el ser humano hay que no haya sido antes concebido por su Creador. Por lo tanto, concluirá: «La imaginación del ser humano está hecha a imagen de la imaginación de Dios. Todo lo del ser humano debe haber sido primero de Dios» (1885: 3). Así pues, MacDonald tiende definitivamente el puente entre el Romanticismo y los inklings:

> Si consideramos ahora la llamada facultad creativa en el ser humano, descubriremos que esta facultad no es creativa en ningún sentido *primario*. De hecho, un ser humano es más bien *pensado* que *pensante* cuando un nuevo pensamiento surge en su mente. No lo supo hasta que lo encontró allí, por lo tanto, ni siquiera pudo haberlo buscado. No lo creó; de lo contrario, ¿cómo podría sorprenderse de que existiera cuando surgió? De hecho, en raras ocasiones puede

> prever que algo está por venir y preparar el lugar para su nacimiento; pero esa es la máxima relación de conciencia y voluntad que puede tener con la idea naciente (1885: 4-5).

Mediante la ampliación semántica de imaginación a «proceso creativo en cuanto tal», los pensadores románticos forjaron una analogía con la acción creadora de Dios, poniendo en juego el valor y el alcance del arte, sobre todo de aquellas modalidades cuyo objetivo no es solo representar –reproducir, imitar– la realidad empírica. Sin embargo, MacDonald y Tolkien apuntan a que, acorde a una misma ley y en la medida en que le han sido dispuestos o liberados tanto el material como los medios, el artista llegará a formar una obra de arte, que en su coherencia interna será capaz de abrir la puerta a un mundo secundario en el que todo allí – acorde a sus leyes, a su consistencia– es verdad. En ello consiste la fe secundaria. Además, el artista capaz de lograr tal elevado arte sabe entonces que no es creador, sino subcreador (*C* 153; Caldecott 2015).

Así pues, lo que conviene saber es cómo la verdad del mundo secundario es parte de la Verdad y, por lo tanto, verdad en el mundo primario. Para ello, hemos de retornar al debate sobre lo fantástico abierto en el Romanticismo, pero no sin antes tratar sobre la noción mitopoética y papel de la divinidad cristiana según Tolkien.[23]

Verdadero Dios muerto

La doctrina de la Creación, o aun la teísta idea de la creación, contempla un punto importante: antes de que Dios hiciera el mundo, Él lo era todo, o todo era Dios. Pero desde que creara otros seres, estos habrían de buscar la unión –voluntaria– desde la distinción. La razón había conducido a Lewis hasta ahí al término de su Gran Guerra con Barfield, pero no podía llevarlo más lejos en su camino a

[23] A la par que Tolkien pronunció *Sobre los cuentos de hadas*, Lewis publicó un ensayo titulado *Christianity and Literature* (2000: 71-92). Partiendo de la idea del Antiguo Testamento de que, como todo ser humano es creación a imagen de Dios, nada de lo creado es *original*, el autor concluyó que todo escritor cristiano debía entender que el artista es canal mediante el que reflejos de Belleza y Verdad irrumpen en el mundo. Por otra parte, tal como señala Segura (2004: 38), la noción tolkieniana de subcreador es paralela a la idea chestertoniana de creador a imagen de Dios: *sunergos théou* (1 Co 3,9; 1 Th 3,2).

abrazar el cristianismo, puesto que no entendía el valor del sacrificio redentor de Cristo para con el resto de los seres humanos.

Lejos de una explicación dogmática, desde la mitopoeia, Tolkien y Hugo Dyson[24] le expusieron algo inesperado durante un paseo nocturno en Oxford el 19 de septiembre de 1931. Tal como lo había dejado Barfield al cabo de la Gran Guerra, Lewis seguía sin creer que la poesía y los mitos contuviesen en sí mismos verdad si no era testada por el análisis conceptual. Muchas historias, sobre todo las del Norte, le eran hermosas, pero no ciertas, sino «mentiras envueltas en plata». Al contrario, recogiendo los postulados de Barfield, Tolkien le expuso lo siguiente, parafraseado por Carpenter:

> Tú miras a los árboles, y los llamas árboles y probablemente ya no pienses más en ello. Llamas a una estrella «estrella» y tampoco piensas en nada más. Pero debes tener en cuenta que palabras como «árbol» y «estrella» fueron (en su forma original) nombres dados a estos objetos por personas con puntos de vista muy diferentes a los nuestros. Para nosotros un árbol es un simple organismo vegetal y una estrella simplemente una bola de materia inanimada moviéndose mediante un curso matemático. Pero los primeros hombres que vieron un árbol o una estrella pensaban de forma muy distinta. Para ellos, el mundo estaba lleno de seres mitológicos. Ellos veían las estrellas como seres vivientes de color plata, ardiendo en llamas en respuesta a su eterna música. Veían el cielo como una bóveda repleta de joyas y la tierra como el seno donde todos los seres vivían. Para ellos, la creación en su totalidad estaba hecha por los mitos y los genios (2008: 82).

Gracias a Barfield, Lewis conocía el fondo de esa explicación, pero no le servía para aceptar verdad alguna en el mito, por lo que Tolkien hubo de seguir argumentando que, aunque el ser humano es capaz de pervertir su pensamiento con mentiras, proviene de Dios y es Él el origen de sus ideas –algo que también era capaz de aceptar; había llegado al teísmo lógicamente–. Y agregó que, además de los pensamientos abstractos, las invenciones imaginarias también se

[24] Hugo V. D. Dyson (1896-1975) estudió Literatura Inglesa en la Universidad de Reading, era anglicano y participó en la Primera Guerra Mundial, en la que resultó gravemente herido. En 1930 conoció a Lewis a través de otro gran amigo, Nevill Coghill, y pronto sería un compañero inkling, al que no le agradaban los Elfos de Tolkien, para dolor de este (Bratman 1997).

originan gracias a Dios, por lo que deben consecuentemente reflejar algo de la verdad eterna, tal como indicaba MacDonald. Carpenter parafrasea así a Tolkien:

> Al crear un mito, al practicar la «mitopoeia» y poblar el mundo de genios y de dragones, un narrador de cuentos o un «subcreador» está, de alguna manera, cumpliendo con el propósito de Dios y reflejando un fragmento de la verdadera luz. Los mitos paganos no son, por tanto, nunca «mentiras»; siempre hay algo de cierto en ellos (2008: 83).

Lewis comprendió que no solo ideas, sino también la invención a través de la imaginación tiene como soporte y motor a Dios (*vid.* Pantin 2022). Tras el paseo, Tolkien unió todo lo expuesto con el cristianismo y logró que Lewis dejara su postura acerca de la irrelevancia de los mitos. La figura de Cristo no era para él un mero gran ejemplo, sino centro donde giran el sentido y salvación del mundo:

> Pero esta historia ha entrado ya en la Historia y en el mundo primario; el deseo y las aspiraciones de la subcreación se han sublimado hasta la plenitud de la Creación. El nacimiento de Cristo es la eucatástrofe de la historia del Hombre. La Resurrección es la eucatástrofe de la historia de la Encarnación. Una historia que comienza y finaliza en gozo. Posee de manera preeminente la «consistencia interna de la realidad» (*SCH* 189-90).

Es decir, aquella noche de 1931 en Oxford, los inklings recogieron los grandes postulados de diálogo con el Romanticismo y les dieron respuesta propia al trascenderlos desde la luz del cristianismo. Lewis resolvió que Dios se expresaba a través de la mente de los poetas paganos, anticipando y preparando el *evangelium* en imágenes posibles de reconocer.[25]

---

[25] Con Cristo, las antiguas palabras y narraciones recobran su potencia semántica bajo nueva luz, como *lógoi* acorde al *Lógos*. De ahí que el cristianismo no sea suplantación de lo anterior, sino asentamiento sobre este, nutriéndolo desde lo mejor de sí y elevándolo en plenitud en el designio, haciendo que parezca como lejana preparación evangélica, tal como la concebían los Padres de la Iglesia. Véanse Caldecott *et al.* (2002), Chesterton (2007), Daniélou (1967; 2009: 15-25) y Murphy (1995).

Según Tolkien y Dyson, la historia de Cristo sigue la misma línea, pero con la enorme diferencia de que el poeta de su invención es Dios mismo, y sus imágenes de expresión, seres humanos reales. Su alcance, por lo tanto, es cósmico: el viejo mito del dios muerto que redime el mundo adquiere coordenadas precisas. En un tiempo y lugar concreto, el mito de la salvación se hizo historia, sin dejar de ser mito. En consecuencia, los antiguos mitos adquieren nuevos horizontes de sentido, y las nuevas invenciones harán eco del Mito.[26]

Tres meses después, en Navidad de 1931, Lewis abrazó el cristianismo, y Tolkien compuso, como conmemoración de la conversión de Lewis, el poema *Mitopoeia*, que apareció impreso al público por primera vez en 1988 en el volumen *Árbol y hoja* (1994: 82-85).

Mito y cuento de hadas

Ahora sí podemos exponer por qué Tolkien rechaza que el mundo primario sea el único criterio válido para juzgar el valor estético de creaciones imaginativas, por qué se enfrenta a la consideración romántica de lo fantástico como fantasioso por su imposibilidad de existir en la realidad primaria. Para ello, seguimos a Seeman (2003), a nuestro entender el mejor exponente de Tolkien como heredero y revisor de la tradición romántica.

Para Tolkien, la fantasía, si bien parte del mundo primario, no se ocupa tanto de lo posible como de lo deseable. Es plena y legítima si responde a los anhelos del corazón humano –como entrar en comunión y habla con otros seres–, y los estimula y satisface. Por lo tanto, su veracidad no reside en la adecuación al mundo primario, sino en la capacidad de traducir el deseo con la consistencia interna de la realidad, mediante el arte. Y hemos aquí la interesantísima aportación de Tolkien, al decir que la única modalidad artística decente para fantasía es la narrativa. En otras palabras, fantasía como la modalidad artística del cuento de hadas:

---

[26] En uno de sus más conocidos textos, Lewis diría: «El corazón del cristianismo es un mito que también es un hecho. El antiguo mito del Dios Moribundo, *sin dejar de ser mito*, desciende del cielo de la leyenda y la imaginación a la tierra de la historia. *Sucede* en una fecha concreta, en un lugar determinado, seguido de consecuencias históricas definibles. Pasamos de un Balder o un Osiris, muriendo sin que nadie sepa dónde ni cuándo, a una Persona histórica crucificada (todo está en orden) *bajo Poncio Pilato*. Al convertirse en hecho no deja de ser mito: ese es el milagro» (2000: 141).

> La Fantasía presenta también una desventaja esencial: es difícil de alcanzar [...] Cualquiera que haya recibido el maravilloso instrumento del lenguaje puede decir *el verde sol.* Y muchos pueden imaginarlo o figurárselo. Pero no es suficiente [...] Crear un Mundo Secundario en el que un sol verde resulte admisible, imponiendo una Creencia Secundaria, ha de requerir con toda certeza esfuerzo e intelecto, y ha de exigir una habilidad especial, algo así como la destreza élfica. Pocos se atreven con tareas tan arriesgadas. Pero cuando se intentan y se alcanzan, nos encontramos ante un raro logro del Arte: auténtico arte narrativo, fabulación en su estadio primario y más puro. En el arte del hombre es mejor reservar la Fantasía para el campo de la palabra, para la verdadera literatura (*SCH* 171).

Tolkien basaba su afirmación en la hostilidad del arte visual para con la fantasía, y tomó como ejemplo el teatro –que no es, al menos solamente, literatura–. Su imposibilidad para vehicular fantasía reside en que es necesariamente visual y antropocéntrico –tanto en forma como en contenido–, lo cual lo lleva a ocultar su propio artificio con dificultad, ya que pretende «*la materialización en el escenario de los personajes imaginarios de una historia.* Esto ya es en sí mismo un intento de usurpar la varita de los magos» (*SCH* 173).

A pesar del intento de hacer magia, a lo sumo, y aun la inadecuación de los efectos escénicos, el teatro aspira a lograr la voluntaria suspensión de la incredulidad, pero para Tolkien la fantasía ha de llegar a provocar fe secundaria. Además, mientras que «en una obra de teatro se encontrará muy poco sobre los árboles como tales» (*SCH* 173), la literatura es capaz de desviar el foco dramático de lo humano en cuanto tal.

Es así como se comprende bien que la fantasía, para Tolkien, engloba tanto la creación artística como su recepción o experiencia suscitada. Por lo tanto, el contenido de la fantasía, aquello sobre lo que versa –no centrado en el ser humano mortal–, está íntimamente ligado con su transmisión; a saber, la palabra que genera imaginación compartida. Dicho brevemente, la estética de Tolkien se diferencia de la de Coleridge y del postulado romántico en que no es visual, no es antropocéntrica y, por lo tanto, trata sobre lo otro, lo trascendente (Seeman 2003). Para él la fantasía es una modalidad de arte diferenciada, de género propio, cuyo vehículo es la narración elevada a mito o el cuento de hadas (Segura 2010).

Buena catástrofe

Ahora bien, más allá de la renovación de la visión de la realidad –recuperación del asombro–, la evasión de los pesares del mundo primario a cosas superiores y la consolación para poder soportarlas,[27] Tolkien exigía una función más y esencial a la narración fantástica. Cuando, a través de toda pérdida y sacrificio, cuando no hay lugar para la esperanza ante el inminente oscuro final, «llega el repentino desenlace, nos atraviesa un atisbo de gozo, un anhelo del corazón, que por un momento escapa del marco, atraviesa realmente la misma tela de araña de la narración y permite la entrada de un rayo de luz» (*SCH* 188).

A falta de mejor palabra para designar el momentáneo y feliz giro de los funestos acontecimientos a buen término, Tolkien acuñó *eucatástrofe*, la irrupción, a través del dolor, de dicha y luz por encima del mundo primario, que además de ser conocimiento, otorga esperanza de salvación, al no ser exigida por el poeta o receptor, sino hallada como don (*SCH* 186-90).

La pretensión del poeta romántico, por lo tanto, vuelve a dejarse de lado, porque Tolkien destaca que la salvación no está en sus manos. Cuando la fantasía resquebraja la distancia entre el mundo primario y el secundario, se logran atisbos de la salvación, al hacer eco del acontecimiento histórico que no deja de ser mítico; a saber, la encarnación y resurrección de Cristo.

Es decir, de acuerdo con MacDonald, Tolkien expone que, por poner pensamiento en forma, la imaginación humana es igual a la del Creador, pero del mismo modo que la capacidad artística, difiere en grado. El ser humano crea, pero siempre a través de lo ya dado, bajo nuevas combinaciones que su imaginación es capaz de captar. De ahí que sus historias sean luz de Luz, fragmentos de lo grande que se transmiten de mente en mente como luz irisada. Podrá encontrar infinidad de tonos, pero nunca un nuevo color. En terminología romántica: no hallará en su mente más de lo que la Mente le haya revelado. De modo que ahí acaba la capacidad creativa humana, en el golpe que Miguel Ángel dio a *Moisés* en la rodilla. Al igual que este

[27] Funciones compartidas por poetas anteriores, incluidos los románticos, tal como Chesterton (1943: 79-119), Eilmann (2017), Milbank (2022) y Odero (1987) explican.

no echó a andar, tampoco agachó la cabeza ante la imposibilidad de contestar al escultor. Otorgar ese grado supremo de verdad o realidad no está en manos del ser humano.

Sin embargo, este encuentra en su corazón anhelos puros que pueden ofrecerse, desde la palabra, consistentes y vivos en un mundo secundario capaz además de afectar espiritualmente del mismo modo que el primario. Por esa razón, no se ha de olvidar el significado de la palabra *inventar –invenire–*, pues el mérito está en el descubrimiento, en el hallazgo de lo que viene, y no en una creación desde la mente humana. El ser humano se sabe entonces subcreador, con la esperanza de que sus obras sean algún día redimidas, tal como proclama la eucatástrofe del Mito en la Historia.

III.

Antigua unidad semántica

Mito y lengua

Tolkien y Lewis se conocieron en una reunión de la Facultad de Inglés en el Merton College de la Universidad de Oxford el 11 de marzo de 1926. Por aquel entonces, ambos llevaban cerca de un año como integrantes de la universidad; Lewis como tutor y lector de Lengua Inglesa (Magdalen College), y Tolkien ocupando la cátedra de Lengua Anglosajona (Pembroke College).

Mientras que Lewis, ateo, estaba en plena guerra filosófica y aspiraba a poeta –pronto había de publicar su segundo libro de versos, *Dymer*–, Tolkien era un devoto católico que animaba a sus colegas a aprender islandés antiguo, y su perfil académico estaba asentado con obras como la edición, junto a Eric V. Gordon, de *Sir Gawain and the Green Knight*. La noche de su primer encuentro, Lewis escribió en su diario acerca de Tolkien: «No hay maldad en él, solo necesita que le den un par de bofetadas» (Carpenter 1990: 161; 2008: 51; Duriez 2007). Fue el comienzo de una gran amistad,[28] que se enriqueció cuando Lewis le presentó a Barfield y le dio a leer su *Poetic Diction*. Tolkien quedó sumamente impresionado (Carpenter 2008: 80-81).

[28] Lewis (2006: 259) también diría: «La amistad con [Tolkien] marcó la caída de dos viejos prejuicios. Al entrar por primera vez en el mundo me habían advertido (implícitamente) que no confiase nunca en un papista, y al entrar por primera vez en la Facultad (explícitamente) que no confiara nunca en un filólogo. Tolkien era ambas cosas».

La razón de ello es que Barfield, en dicha obra, muestra cómo puede apreciarse un cambio o evolución de la conciencia en la civilización occidental, a partir de la historia *en* la lengua, y cómo las palabras, cuanto más antiguas son, más se funden con el mito.

En *Poetic Diction*, tras afirmar que la metáfora es el único camino hacia el verdadero conocimiento, Barfield se centra en el problema del lenguaje mismo, y discute la visión lingüística avanzada por algunos filólogos del siglo XIX, con Max Müller a la cabeza (Stone 2002). Aquellos estudiosos creían que la metáfora había surgido en un acto imaginativo consciente por parte de un individuo que, con el objetivo de expresar algo abstracto a otros, tomó palabras a mano y les dio nuevo significado. La necesidad de la metáfora aparece así ligada a la literalidad de las palabras, utilizadas para expresar objetos o hechos físicos concretos; algo abstracto habría de pedir nuevos sentidos. Sin embargo, la tesis de Barfield es la contraria: «Todo lenguaje es metáfora muerta; incluso cuando hablamos más literalmente, las palabras que usamos tienen rastros de un origen metafórico» (Reilly 2006: 39).

Horizonte mítico

El argumento decimonónico proviene del traspaso del evolucionismo de Darwin a la historia de la lengua, y no desde ninguna evidencia lingüística. En el contexto del desarrollo físico y mental del hombre primitivo hasta el ser humano moderno, se entiende que la capacidad de abstracción ha de venir en un estado evolutivo posterior. En consecuencia, las primeras palabras habrían de ser herramientas concebidas al modo de los materiales: de uso directo.

Estas designarían objetos unívocamente y por conveniencia, y una capacidad mayor para la abstracción llegaría después mediante la ingeniosa combinación de esas palabras, gracias a la metáfora. Sería cuestión de tiempo que Ferdinand de Saussure comenzara a dictar sus cursos: las bases estaban asentadas para la división entre significante y significado, y para definir al ser humano moderno. Tal como dice McLuhan (1998: 77): «Con el signo sin sentido asociado al sonido sin sentido, hemos construido la forma y el sentido del hombre occidental».

No obstante, Barfield resalta que, dentro de los límites de la lengua, la realidad es otra. La lengua, cuanto más remota, más metafórica es, en el sentido de que las antiguas palabras nunca hablan *solamente* de un objeto o hecho físico (1973: 133-135; Reilly 2006: 28). Dos de sus conocidos ejemplos ayudarán; el primero ligado, además, al pensamiento religioso ario [*Aryan*], que tan central es en la obra de Müller (2000) sobre mitología solar. Al hablar sobre las palabras *diurnal*, *diary*, *dial* y *journal*, derivadas de la latina *dies*, Barfield expresa lo siguiente:

> Hasta donde sabemos, la palabra sánscrita «dyaus», *la griega* «zeus» *(acusativo* «dia»*) y la teutónica* «tiu» *se usaban en contextos donde deberíamos usar la palabra cielo; pero también se usaban para referirse a Dios, el Ser Supremo, el Padre de todos los demás dioses: sánscrito «Dyaus pitar», griego «Zeus* pater», *ilirio* «Deipaturos» *y latín* «Juppiter» *(antigua forma* «Diespiter»*). Podemos comprender mejor su significado si consideramos cómo la palabra inglesa* heaven y la francesa «ciel» *todavía se usan con un doble propósito similar, y cómo antes no lo era en absoluto. Todavía hay ingleses y franceses para quienes el «cielo» espiritual es idéntico al cielo visible; e incluso en español es difícil establecer la distinción. Pero si juzgamos desde el punto de vista del lenguaje, debemos asumir que cuando nuestros primeros antepasados* alzaron la vista hacia la b*ó*veda azul, sintieron que ve*í*an no solo un lugar, ya fuera celestial o terrenal, sino la vestidura corporal, por as*í* decirlo, de un ser vivo. Y este hecho aún persiste en la semejanza formal entre palabras como *diario* y *divino* (2007: 88-89).

Pero Barfield no solo apunta a lenguaje metafórico en vez de literal, sino a una conciencia que aún no distingue entre literal y figurativo: «Es una conciencia para la cual el pensamiento o percepción del cielo es el equivalente al pensamiento o percepción de Dios» (Reilly 2006: 29). Es decir, el lenguaje metafórico vendría después. El antiguo lenguaje conocido muestra la base de participación en el mundo sobre la que se desarrollaron después tanto metáforas como pensamientos más abstractos. Desde el paso del pensamiento mítico hasta el conceptual, en el cambio de percepción del puesto del ser humano en el cosmos, el lenguaje ha ido convirtiéndose más prosaico, y llega a ser, al decir de Emerson, metáfora muerta.

Al respecto, es interesante que, en este proceso, Barfield encuentra un importante punto de inflexión: un encuentro y nombramiento del mundo interior de la conciencia, distanciándose de una participación directa en la realidad, en el sentido griego de *pánico* (2007: 85-87). En dicha referencia, Barfield sostiene que empieza a mostrarse el cambio que se producirá, desde la conciencia de un agente divino externo [Pan], al mundo mental y analítico interior –y a la muestra de cómo el mito ha quedado desfigurado pero vivo hasta llegar a nuestro lenguaje cotidiano y secular–. La mente, en su mayor grado de abstracción, encuentra a la realidad menos real; cuanto más interior es el mundo, más abstracto es. Por todo ello, para Barfield, en los albores del tiempo, el lenguaje era, ante todo, mito:

> En cuanto a la cantidad de palabras que descienden indirectamente del sentimiento religioso prehistórico, es imposible contarlas. Solo podemos decir que cuanto más se remonta el lenguaje en su conjunto, más poéticas y vibrantes parecen sus fuentes, hasta que finalmente parece disolverse en una especie de niebla mítica (2007: 88-89; *vid.* Cassirer 1959: 82-83).

Unidad primordial

El segundo ejemplo tomado de Barfield, muy conocido, viene de la palabra latina *spiritus*, y refuerza la idea de que, antiguamente, cada palabra tenía múltiples significados, o dicho de otro modo, que tenía un único significado, y varios fenómenos referentes al mismo tiempo –sin distinción–, tanto externos como internos, tanto mentales como materiales. La tendencia del lenguaje hasta hoy ha sido, según Barfield, concretar y clarificar esos significados: la división de la antigua unidad semántica en diversos significados. Mientras que Müller habría dicho que la palabra citada, *espíritu*, habría significado *aliento* o *viento*, y que después llegaría la necesidad de expresar la abstracta noción de «el principio de vida», Barfield dice:

> Tal hipótesis es contraria a todo indicio presentado por el estudio de la historia del significado, el cual nos asegura definitivamente que un contenido puramente material como «viento», por un lado, y por

> otro, un contenido puramente abstracto como «el principio de la vida en el ser humano o el animal», son ambos apariciones tardías en la conciencia humana. Su abstracción y simplicidad evidencian, por igual, largas eras de evolución intelectual. Lejos de que el significado psíquico de «spiritus» *surgiera porque alguien tuviera la idea abstracta de «principio de la vida...» y buscara una palabra para ella, la idea abstracta de «principio de la vida» es en sí misma un producto* del antiguo *significado* concreto «spiritus», *que contenía en sí mismo los gérmenes de ambos significados posteriores. Debemos, por lo tanto, imaginar un tiempo en el que* «spiritus» o *πνεῦμα*, o palabras más antiguas de las que descendieron, no significaran ni *aliento*, ni *viento*, ni *espíritu*, ni siquiera las tres cosas, sino que simplemente tuvieran *su propio significado antiguo y peculiar*, que desde entonces, en el curso de la evolución de la conciencia, se ha cristalizado en los tres significados especificados, y sin duda en otros también, para los cuales ya se habían encontrado palabras separadas en los tiempos griegos y romanos (1973: 80-81; *vid.* 2007: 40-44).

Es decir, lo que hoy parece ser metáfora es sentido que estaba latente desde el principio. Por lo tanto, acorde a Barfield, las antiguas palabras no designaban solo algo sensible o material, sino que lo hacían conjuntamente, porque aún no se distinguía lo uno de lo otro. Tal diferencia entre objetivo-subjetivo supondría una conciencia refleja de sí mismo que trabaja con pensamiento racional o discursivo sobre ideas abstractas (Barfield 1973: 204); conciencia que se desarrolló en un tiempo y lugar concreto: Ática, en el siglo V a.C.

Consecuentemente, en un tiempo primigenio, no existía distinción entre sujeto y mundo, entre pensar y percibir. Barfield describe el antiguo modo de pensamiento como: «Un tipo de pensamiento que es al mismo tiempo percepción: un pensamiento pictórico, una conciencia figurativa o imaginativa que hoy sólo podemos captar por analogía verdadera con las imágenes de nuestros poetas y, en cierta medida, con nuestros propios sueños» (1973: 206-07).

De modo que Barfield llega a afirmar que el ser humano de la antigüedad aprehendía la realidad en totalidad, porque como mente, participaba –inconscientemente– de la Mente.[29] Por todo lo dicho,

[29] Tras su separación, la antroposofía pronostica su reunión y participación consciente, y para ello el ejercicio de la imaginación es esencial.

Barfield sentenció que la visión de Müller no era correcta. El mito y la metáfora no son decorados de lo literal y primario. Al contrario, en aquella fase en la que lo literal no se distinguía de lo metafórico, tanto las palabras como el pensamiento eran de orden mítico. Tolkien diría lo mismo:

> La opinión de Max Müller de que la mitología era una «enfermedad del lenguaje» puede ya abandonarse sin remordimientos. La mitología no es ninguna enfermedad, aunque, como todas las cosas humanas, puede enfermar. De igual modo podría decirse que el pensamiento es una enfermedad de la mente. Estaría más cerca de la verdad decir que las lenguas, en particular los modernos idiomas europeos, son una enfermedad de la mitología. De todas formas, no podemos descartar el Lenguaje. En nuestro mundo el pensamiento, el lenguaje y el cuento son coetáneos (*SCH* 149-50).

Nombrar sobreabundancia

Acorde a los inklings, la riqueza metafórica y mítica original de las lenguas antiguas ha decaído a lo largo de los siglos hasta los idiomas modernos occidentales; el lenguaje es mucho más estrecho y limitado que el de nuestros antepasados. Recogiendo uno de los ejemplos dado anteriormente, en la actualidad, al traducir *spiritus*, se necesita verter la palabra dependiendo del contexto como –y solamente como– *espíritu*, *aliento, vida* o *viento*. Se se(le)cciona un significado. Sin embargo, para el pensamiento mítico, la palabra da respuesta a una experiencia multidimensional: el «espíritu-aliento-vida-viento».

En la línea de Barfield y Tolkien, el mito es palabra poética que invoca la trascendencia, hondura o divinidad de la realidad, además del despliegue en relato de todo su antiguo potencial semántico en unidad. El ejemplo que Tolkien mismo indicó (*C* 15; *vid.* Gilson 2017) como guiño a la teorización de Barfield se encuentra en *El Hobbit* (162-63).[30] Una vez que la compañía de Thorin ha logrado encontrar

[30] Lewis (1966: 287) diría: «Nadie influyó jamás en Tolkien; es como intentar influir en un bandersnatch. Escuchamos su obra, pero solo pudimos influir en ella animándola. Solo tiene dos reacciones ante las críticas: o empieza la obra desde el principio o no le presta atención». Sobre los inklings, véanse Butynskyi (2020), Duriez (2015), Glyer (2016), Rhone (2017) y Zaleski y Zaleski (2015), y sobre la influencia de Barfield en Tolkien, Flieger (2002: 33-44; 2024).

la entrada posterior a los salones de Erebor, Bilbo es requerido para que descienda en la oscuridad del túnel hasta la sala del dragón. Tras reunir el valor de asomarse y encontrarse a la bestia tendida en sueños sobre el tesoro, el narrador explica que:

> Decir que Bilbo se quedó sin aliento no es suficiente. No hay palabras que alcancen a expresar ese asombro abrumador desde que los Hombres cambiaron el lenguaje que aprendieran de los Elfos, en los días en que el mundo entero era maravilloso. Bilbo había oído antes relatos y cantos sobre tesoros ocultos de dragones, pero el esplendor, la magnificencia, la gloria de un tesoro semejante, no había llegado nunca a imaginarlos.

Bilbo se quedó sin palabras ante la maravilla. No alcanzaba a decir tal sobreabundancia. Pero Tolkien sugiere que hubo una lengua capaz de nombrar ese tipo de vivencias, una lengua antigua, primigenia, que con el pasar del tiempo ha ido perdiéndose junto a la carencia de lo fantástico en la realidad. Además, aunque su imaginación estuviera entrenada, Bilbo no lograba estar a la altura, pues había perdido la capacidad para el asombro.

Mediante tal situación y comentario, Tolkien nos sitúa brevemente en el origen coetáneo del pensamiento, el lenguaje y el cuento. En el silencio de Bilbo, en su mudez, brota el mito. En primer lugar, el hobbit es consciente de formar parte de una realidad hondamente asombrosa y terrible. Es decir, se sabe dentro del mito. En segundo, habrá de lograr la palabra poética a la altura de la circunstancia, que envuelva toda la vivencia –lo percibido con ojos corporales y con ojos del alma–, junto a la conciencia de sí mismo siendo parte de la realidad. La palabra primordial dirá, por lo tanto, vivencia cargada de trascendencia.

Finalmente, habrá de contar, desplegar en relato, todo el potencial de la vivencia, para poder hacer partícipes a otros de ella, para poder envolverlos y llevarlos, mediante el arte, a la situación original. Es decir, para conducir a otros a vivir el mito por sí mismos. Será mediante la imaginación compartida y la aplicación de su sentido que una comunidad crea o funda un mundo propio sobre la realidad dada.

El ejemplo de Bilbo no será ni la primera ni la última vez en la que Tolkien conduce a pensar el origen y poder del mito. Los primeros encuentros entre Éomer y Aragorn (*DT*, III, II, 446) y entre

Pippin y Denethor (*RR*, V, I, 789), Frodo al descubrirse los ojos en Lothlórien (*CA*, II, VI, 361-63), Bárbol en su recuerdo en el canto que ofrece a Merry y a Pippin (*DT*, III, IV, 482), así como Voronwë en su camino al Mar (*CI* 49) y Tuor al ver Gondolin (*CI* 69), o Arwen misma cuando vio a Aragorn vestido por Galadriel en Caras Galadon (*ESdlA* 1091) son algunos de esos momentos narrativos en los que Tolkien presenta situaciones fundacionales. En todos ellos el narrador lleva a reflexionar sobre como nombrar una realidad que se presenta sobreabundante.

Fundamento poético

Al generar una historia a partir del contenido significativo de las palabras que se enraízan en la vivencia mítica de la realidad, se muestra con claridad el carácter poético del lenguaje. Pero es importante insistir en la fuente de donde palabra y narración se originan: el silencio. Pues *mythos*, ante todo, es misterio, junto a la quietud para comprenderlo.

Cuando la realidad se muestra sobreabundante, el ser humano se queda quieto –como en el ejemplo de Bilbo y los otros citados–. Puede que no abra la boca, que el misterio le haga tener los labios pegados, o puede que sí, y que su aliento sea arrebatado. Es posible incluso que dé un paso atrás, o que se caiga al suelo. En la quietud del paciente, sin embargo, la trascendencia de la realidad opera, buscando el eco de ella misma en el ser humano.

En ese eco, en ese silencio, se gesta el sonido con que se dará respuesta a lo que la realidad ha dicho. En ese silencio del ser humano solo el mundo habla. Su respuesta, al recoger toda la realidad que desborda hasta lo más hondo de uno mismo, resulta ser la palabra que reconoce de una vez y para siempre toda esa presencia e impresión: *mythos*. Y por ello, su eufonía es la interpretación sonora de lo vivido. Así, en la cercana experimentación de la realidad, sonido y significado son uno y lo mismo: dos valencias de la palabra original.[31]

El mito, por lo tanto, aparece como el fundamento del habla humana. Su poesía –mitopoesía– es aquello que Heidegger concibió como

[31] La controversia sobre el simbolismo fonético –tema que trataremos en el capítulo V– queda resuelta con la noción de antigua unidad semántica, al aceptar que el ser humano reverbera lo que la realidad dice. En palabras de Heidegger (1990: 28): «El son del silencio no es nada humano. En cambio, el ser humano es, en su esencia, ser hablante».

originario: «La poesía no toma el lenguaje como un material existente, sino que la poesía misma hace posible el lenguaje [...] Es preciso entender la esencia del lenguaje por la esencia de la poesía» (1985: 140).

Junto a Barfield, Tolkien y MacDonald (1895: 9), Heidegger expone que el lenguaje proviene de un fundamento poético primordial. Si el ser humano puede hablar, puede decir, es porque lo hace sobre dicha fuente. De ahí que todo lenguaje poético buscado de modo consciente –mediante metáfora, por ejemplo– es posible porque las palabras pertenecen a una gramática mítica. Porque remiten a la antigua dicción de la hondura y trascendencia de la realidad en unidad semántica. En palabras de Heidegger nuevamente: «El habla no es Poesía porque es la poesía primordial, sino que la poesía acontece en el habla porque esta guarda la esencia originaria de la Poesía» (1985: 114).

Por lo tanto, cuando el ser humano encuentra el mundo vivo y pleno de misterio sagrado, y le responde a la medida de su revelación, el mito es la vía poética para enraizarse en tal hondura de la realidad. Lo trascendente es la fuente de sentido y significado, que busca revelarse *a* y *en* el ser humano que habla. El mito surge en la aceptación y vivencia de esa dimensión religiosa, y es por ello que se dice que el ser humano es tanto *animal symbolicum* (Cassirer 1974) como *homo religiosus* (Eliade 2006). El poeta, por lo tanto, no crea sentido, sino que lo halla. Lo que crea es el significado, mediante la palabra que es fruto tanto de la realidad sobreabundante como del ser humano. Es decir, el poeta toma lo que se presenta y lo configura.

Por todo ello, y a pesar de olvidarse con facilidad que toda lengua y nación provienen de un horizonte mítico de historias y correlaciones de experiencia, incluso los más sofisticados conceptos y neologismos –tales como «agujero de gusano» o «trolear»– no son más que lejanos derivados de mitos e historias (Blumenberg 2003a; 2003b). El mito, por lo tanto, es el horizonte último: nada va más allá de él. Y nombrar míticamente es echar raíces en lo trascendente.

A decir verdad, el mundo no crece o se ensancha encontrando lejanas estrellas, sino cuando el mito les da nombre, cuando se engarzan en lo trascendente. Por esa razón, Schulz (2004: 15) habló de la palabra como luz: «Normalmente consideramos la palabra como una sombra de la realidad, como un reflejo. Sería más justo decir lo contrario. La realidad es una sombra de la palabra. La filosofía es, en el fondo, filología, estudio profundo y creador de la palabra».

Tal como hemos visto, la misma filosofía yace tras la afirmación de que el lenguaje es enfermedad de la mitología, o en otras palabras, que la mitología es fantasma del lenguaje: «La mitología es el fantasma del significado concreto. Las conexiones entre fenómenos discretos, conexiones que ahora se perciben como metáforas, antes se percibían como realidades inmediatas; como tal, el poeta se esfuerza, con sus propios esfuerzos, por verlas y por hacer que otros las vean de nuevo» (Barfield 1973: 92).

Así pues, la palabra como mito expresa lo primordial, lo que no es unívoco o literal, sino lo sobreabundante, y apunta al verdadero sentido tanto de la realidad como de las historias. Sin reverencia o asombro ante la realidad, no hay ningún sentido de *presencia*, fuente de toda dignidad del ser como don. Pero apreciada esta, el mejor modo de estar a la altura de aquello que se presenta es contarlo de todos los modos posibles: buscar la belleza de la palabra que le haga justicia. La poesía recogerá así el sentido «envuelto en plata».

IV.

Mitología para Inglaterra

El origen de los mitos reside en la aprehensión de la realidad en toda su hondura, divina, espiritual y natural. Así lo expresa todo el campo semántico del que son posibles las antiguas palabras, que al ser compartidas crean comunidad y tradición. Tal horizonte de sentido común al que una nación y cultura vuelca su pensamiento es lo que interesaba a Tolkien.

Desde suelo inglés

A finales de 1910, a las puertas de sus últimos cursos en el King Edward's School de Birmingham, cuando era capaz de debatir perfectamente en latín, y de utilizar el griego, gótico y anglosajón con fluidez, Tolkien halló la existencia de otra lengua: el finés. Conocía perfectamente muchas lenguas europeas y sus relaciones, pero esto fue un descubrimiento de otra índole, pues el *Kalevala* no era en absoluto como las sagas germanas. Era de otro Norte, más antiguo y remoto. En una carta de 1955 a W. H. Auden escribiría:

> Fue como el descubrimiento de una entera bodega llena del vino más asombroso, de una especie y un sabor nunca degustados antes. Me intoxicó por completo; y abandoné el intento de inventar una

> lengua germánica «no registrada», y mi «propia lengua» –o series de lenguas inventadas– se volvió densamente finlandesa, tanto en su estructura como en su fonética (*C* 163).

Además de devorar la traducción de W. H. Kirby, decidió hacerse con una edición en la lengua original, y pronto una inquietud comenzaría en su interior: ¿Qué era de los cuentos y mitos de Inglaterra? En el siglo XIX, el legado de J. Gottfried Herder y J. Gottlieb Fichte sobre la relación entre lengua, leyendas y nación frente al cosmopolitismo ilustrado fue llevado al campo filológico por parte de los hermanos K. W. Friedrich y August W. Schlegel. Frente a la universalidad neoclásica, el espíritu de cada nación se mostraba en la originalidad de sus géneros y elementos, en sus modos particulares de hacer lo universal.

El Romanticismo encontraba lazos con el nacionalismo mediante el arte, y el siglo XIX vio despertar la búsqueda y representación del *Volksgeist* a través de la lengua y el mito. Desde que en 1812-1815 los hermanos Jacob L. K. y Wilhelm K. Grimm publicaran *Kinder- und Hausmärchen*, muchas otras lenguas vieron recogidos cuentos populares,[32] pero Tolkien no encontraría, ni en la historia de la literatura ni en el trabajo de campo, material suficiente que dotase a Inglaterra de una poesía y narraciones en contacto con su suelo, y que mirara a los días antiguos. Y se propuso suplir esa falta (Honegger 2007a).

¿Pero cómo perdió Inglaterra su mitología? Los ingleses, siendo un pueblo descendiente de tribus anglas, sajonas y jutas venidas a la Britania del siglo V de las hoy Germania del norte, Frisia y Dinamarca, es probable que poseyeran un conjunto de historias y leyendas traídas por aquellas gentes; así lo atestigua la toponimia referente a divinidades germanas vigente en Inglaterra (Branston 1974: 41-45). Pero la considerada épica nacional, *Beowulf*, escrita en inglés antiguo –sajón occidental– no trata sobre ninguna mujer u hombre inglés.

Jutos, frisios, incluso algunos francos son mencionados, pero ningún inglés, y la historia del poema se localiza en lugares de las hoy Dinamarca y Suecia. Es decir, el sentimiento de no hallar material nativo cuando se recurre a la obra como literatura nacional queda patente. Ese pesar, para Tolkien, tenía como causa la conquista normanda de 1066.

[32] Por ejemplo, en 1841, Peter Christen Asbjørnsen y Jørgen Engebretsen Moe publicaron *Norske Folkeeventyr*; en 1860-1862, John Francis Campbell, *Popular Tales of the West Highlands*; y en 1877, Wentworth Webster, *Basque Legends*.

A partir de Guillermo I el Conquistador, hubo alrededor de dos siglos en los que la lengua dominante, presente en la administración y la corte, fue el francés. Mientras que en otros reinos europeos de ese tiempo muchas leyendas y mitos fueron escritos, nadie en la elite se preocupó de escribir mitos y leyendas de los anglosajones nativos subyugados. Ante tal falta, Tolkien se propuso lo siguiente:

> Una vez (mi cresta hace mucho que ha caído desde entonces) tenía intención de crear un cuerpo de leyendas más o menos conectadas, desde las amplias cosmogonías hasta el nivel del cuento de hadas romántico –lo más amplio fundado en lo menor en contacto con la tierra, al tiempo que lo menor obtiene esplendor de los vastos telones de fondo–, que podría dedicar simplemente a Inglaterra, a mi patria. Debía poseer el tono y la cualidad que yo deseaba, algo fresco y claro, impregnado de nuestro «aire» (el clima y el terreno del Noroeste, Bretaña y las partes más altas de Europa, no Italia ni el Egeo, todavía menos el Este); y aunque poseyera (si fuera capaz de lograrla) la sutil belleza evasiva que algunos llaman céltica (aunque rara vez se la encuentra en los verdaderos objetos célticos antiguos), debería ser «elevado», purgado de bastedad y adecuado a la mente más adulta de una tierra ahora hace ya mucho inmersa en la poesía. Trazaría en plenitud algunos de los grandes cuentos, y muchos los dejaría esbozados en el plan general. Los ciclos se vincularían en una totalidad majestuosa, y dejaría márgenes para que otras mentes y manos hicieran uso de la pintura, la música y el teatro. Absurdo (*C* 131).

Sabía muy bien que de absurdo nada. Comenzó la elaboración de su mitología en 1914, se aceleró a su venida de la guerra y nunca dejó de trabajar en ella hasta el día de su muerte, para después pasar a manos de su hijo Christopher, quien la ha dado a conocer del mejor modo posible mediante 40 años de edición de manuscritos inéditos.

Lo interesante es cómo forjaría un marco donde todo encajara, donde algunos temas quedaran cerca y completos, y otros en esbozo que apuntasen a lo desconocido. Esa explicación forma la imagen de horizonte o valle montañoso, donde se permite a la vista anhelar lo que no se ve, logrando una sensación de hondura muy poderosa (Drout 2025).

Tal como señala Segura (2004), la obra de Tolkien, tomada en conjunto, muestra un único cuadro, en el que algunos elementos contienen intencionadamente mayor detalle que otros, dando sensación de profundidad y posibilitando el desarrollo del mito desde lo inconcluso. Es decir, se ofrece un lienzo desde el que generar nuevas historias, y todo ello como donación, para que otras mentes y manos pudieran continuarla –como los temas musicales de Howard Shore o las imágenes de John Howe, por ejemplo–, tal como Tolkien explicó en *Hoja de Niggle*.

De modo que la mitología de Tolkien está ligada a la geografía y clima del noroeste europeo. ¿Pero cómo es posible, más allá de la recopilación de (fragmentos de) cuentos o poemas y su reelaboración, recuperar tal tradición? Tolkien encontró el modo en la filología, y el detonante, en unos versos que horadaron las nieblas de la memoria y el pasado para dejar entrar antigua luz.

Aparición de Earendel

A comienzos de 1913, durante sus años de estudiante en Oxford, ligado al Exeter College, Tolkien abandonó los cursos de Clásicas para asistir a los de Inglés (Garth 2014b). En la Honour School of English Language and Literature, eligió especializarse en el programa de Lengua –inglés antiguo, medio y filología, con literatura hasta Chaucer–. Conocía de antes muchas de las obras del programa, por lo que pronto fue capaz de escribir minuciosos ensayos sobre filología, y aprovechó para aprender más sobre el dialecto del West Midland en el inglés medio, debido a su vinculación con su familia e infancia. Entre varias de las obras de inglés antiguo para él nuevas que hubo de leer, se encontraba *Crist* de Cynewulf. Aquellos versos de índole religiosa no lo atrajeron mucho hasta que encontró los siguientes (104-05):

Eala Earendel engla beorhtast	*Hail Earendel, brightest of angels*
ofer middangeard monnum sended	*above the middle-earth sent unto men*

Tal como dice Noel «la imagen de una luz angelical enviada deliberadamente a la humanidad –tal vez para dar esperanza como precursora del amanecer aún no visto, ya sea literal o místico– es poéticamente poderosa» (1980: 4), por lo que no es de extrañar que la aparición y misterio de Earendel en junio de 1914, a finales de su tercer año en Oxford, conmovieran a Tolkien profundamente.

Interpretaba a Earendel como Juan Bautista, pero en su sentido de luz brillante creía que habría de haberse referido a una estrella, Venus, el astro más brillante tras el sol y la luna; la estrella matutina y vespertina. Tolkien escribiría más tarde: «Sentí una curiosa excitación, como si saliendo de un sueño, algo se agitara en mí. Detrás de aquellas palabras había algo muy remoto, raro y hermoso, si podía asirlo, algo que estaba mucho más allá del antiguo inglés» (Carpenter 1990: 78).

Algo despertó en Tolkien, el encuentro de algo que había sobrevivido en la poesía hasta sus días. Pero no parecía anglosajón, aunque se hubiera integrado en él y jugara además un papel cristiano en el marco del Adviento. Era algo muy antiguo, de una edad olvidada incluso para los mismos anglosajones; la llave, o resquicio, a un mito preservado por el mundo anglosajón, pero antiguo y oscuro para ellos mismos (*C* 297). Lo más interesante para Tolkien era el hacer de Earendel, pues había sido enviado. Sintió la profunda necesidad de explorar el sentido mito-teológico de todo ello.

Así, en la víspera de Navidad de 1965, Clyde S. Kilby, quien se había ofrecido a ayudar a Tolkien durante el verano de 1966 en la ordenación y edición del material para la publicación de *El Silmarillion*, recibió una carta de gratitud por parte de Tolkien, en la que encontró lo siguiente: «Espero que quizás esto te llegue en o alrededor de Navidad. '*Lux fulgebat super nos.* Ëalä Eärendel engla beorhtast ofer middengeard monnum sended'. Las palabras de Cynewulf de las que surgió en última instancia toda mi mitología» (Kilby 1976: 57).

Kilby le pidió posteriormente la traducción de los versos, y Tolkien los vertió así: «Salve Eärendel, el más brillante de los ángeles, enviado por Dios a los humanos». Es decir, mediante el estudio de la lengua, Tolkien comprendió que en la antigüedad palabra y literatura son, ante todo, mito, y que Dios nunca ha dejado de guardar el mundo. De ahí que Tolkien obre en su *legendarium* acorde a la noción y guía de un designio divino, que, según se realiza, añade mayor plenitud y significado al pasado. Earendel, por lo tanto, sería el nexo mitológico de su obra con la antigua tradición.

Durante el verano de dicho año, 1914, Tolkien visitó junto al padre Vincent Reade, del Oratorio de Birmingham, la península de Lizard, en Cornualles. Allí conoció con gran fuerza el mar y el paisaje interior en el cual reconocía el de su infancia, pero con un halo más rústico a la vez que misterioso. De alguna forma, el escenario del que la Tierra Media surge fue conocido a cada paso en aquella estancia. Además, a finales de aquellas largas vacaciones, Tolkien pasó unos días en la granja *Phoenix* que su tía Jane gobernaba en Nottinghamshire (Morton y Hayes 2008), donde también estaba su hermano Hilary. Allí escribió el poema fundacional *The Voyage of Earendel the Evening Star*. La luz atisbada en *Crist* procedía ahora del estelar marinero que se elevaba sobre los cielos.[33]

Filología

La pasión de Tolkien por las palabras y las regiones septentrionales de Europa venía de sus primeros años, en los que desarrolló especial sensibilidad a partir de las emociones que los sonidos de la lengua producían en él cuando su madre le enseñó latín –el francés no le gustó tanto– y lo introdujo en la lectura de historias. Tolkien recordaba dos momentos destacables al respecto. El primero, cuando encontró nombres galeses en los vagones de tren en Birmingham: aquellas palabras le abrían una nueva forma lingüística y visión de mundo por explorar. El segundo, el descubrimiento de la historia sobre Sigurd y Fafner entre las páginas de *The Red Fairy Book* de Andrew Lang. Tolkien siempre estuvo llamado por esa tierra que antaño fue vista con ojos de mago, andada por guerreros y contada por poetas, tierra en cuya imaginación el dragón tiene un lugar central. Y pronto trató de escribir historias sobre dragones él mismo, de lo que recordaría un hecho significativo:

[33] Sobre Eärendil y su insigne lugar en la obra de Tolkien, véanse Harvey (2016: 143-59), Hostetter y Smith (2003) y Larsen (2011).

> Intenté escribir un cuento por primera vez poco más o menos a los siete años. Era sobre un dragón. No recuerdo nada de él, salvo un hecho filológico. Mi madre no dijo nada del dragón, pero señaló que no era posible decir «un verde dragón grande», sino «un gran dragón verde». Me pregunté por qué, y me lo pregunto todavía. El hecho de que recuerde esto es posiblemente significativo, pues no creo haber intentado escribir otro cuento durante muchos años, y emprendí el estudio del lenguaje (*C* 163).

La apertura a otras realidades a través de palabras e historias le hicieron entender las posibilidades de enriquecer la comprensión del mundo mediante la lengua. En el King Edward's School de Birmingham, de mano de su profesor George Brewerton, conoció por primera vez a Chaucer y tomó contactó con el inglés antiguo, que le resultó familiar, como antecedente de su propio idioma, pero remoto y oscuro al mismo tiempo. Esa razón lo hacía muy atractivo, aunque no tenía el mismo encanto estético que el galés. Pronto conoció *Beowulf*, y el «hechizo del dragón» volvió a cautivarlo. Definitivamente, el Norte era el mundo al que se sentía pertenecer.

Por medio de un amigo, Tolkien adquirió *Primer of the Gothic Language* (1892), de Joseph Wright, quien sería su profesor en Oxford. Aquella lengua había perecido con el declive de los godos, pero sobrevivía en documentos escritos, y era germana. El deleite que sintió lo impulsó de inmediato a aprender la lengua y a crear, a través de la aplicación científica, palabras desaparecidas, históricamente posibles, dado que, como el anglosajón, el gótico lo ayudaría a comprender la historia de la comunidad lingüística a la que pertenecía.[34]

Semillas, raíces y ramas

Cuando la filología comenzó a auxiliar el estudio de la mitología en el siglo XVIII, la academia abrió el campo de estudio del indoeuropeo, como protolengua que, con el paso del tiempo y división de grupos, dio origen a la familia de lenguas conocidas como indoeuropeas. Cuando Tolkien se formó en filología comparada, el interés por

[34] Tolkien llegó a escribir poesía en gótico; el poema *Bagmē Blōma*, por ejemplo (Shippey 1999: 384-91; 2013b).

el estudio y definición de diversas familias de lenguas tenía mucha fuerza, y Tolkien adquirió ese interés, sobre todo desde el punto de vista fonético-semántico, y lo llevó a ensayo en la Tierra Media.

Para Tolkien la filología era *el* modo de estudio del ser humano, la manera de ver cómo concebía la realidad y cómo se entrelazaba con sus semejantes, porque estudiaba aquello que lo hace humano, el *lógos*. Se interesaba por el lenguaje poético, por un momento en la historia de la humanidad en la que la realidad era llamada no por convención, sino por estrecha vivencia en relación: un decir que daba consistencia a aquello nombrado, que lo hacía real en tanto que lo traía plenamente a presencia. Por lo tanto, la historia de las lenguas mostraba a Tolkien, desde el punto de vista semántico y creativo, el modo en el que las culturas se situaron en un pasado sobre la realidad.

En el *legendarium* de Tolkien, los Elfos despiertan en la Tierra Media y son invitados a ir al Oeste. Algunos parten y otros se quedan, y entre los que emprenden el camino algunos lo abandonan y forman su grupo. Después, algunos de los que llegaron hasta el Oeste vuelven a la Tierra Media. Pues bien, en cada migración y movimiento, Tolkien generó una lengua o dialecto, relacionados en principio, pero diferentes, que además habían de influir en los de Hombres y Enanos al entrar en contacto con ellos.

Por lo tanto, la Tierra Media es la historia de idas y venidas, luchas y colaboraciones, cambios y transmisiones. Un entramado en el que la historia de distintas razas, casas y lenguas cobra vida. Se trata de un mundo en el que estos son verosímiles para cualquiera que siga a los hobbits en su itinerario. El saludo élfico citado en la introducción (*CA*, I, III, 88), que Tolkien expresaba previo a las historias, implicaba la construcción de un mundo en el que tuviera sentido; mundo, por lo tanto, en el que lo primero que los Elfos vieron al despertar fue la luz de las estrellas –*Ele*–, que por siempre habitó en sus corazones.

Mediante invención lingüística, dotada de narración, Tolkien creó y desplegó campos semánticos que permiten comprender aquello que nombran (Ryan 1986; Shippey 2013a). Así, el mago de la Compañía es *Gandalf* en el Norte, *Olórin* en Valinor al Oeste, y *Mithrandir*, «el que camina envuelto en plata», para los Elfos. Para los Enanos es *Tharkûn*, para los jinetes de Rohan es *Peregrino Gris* o *Cuervo de la Tempestad* cuando su llegada coincide con malos tiempos. Es *Láthspell*, «el que trae malas nuevas», para Gríma Lengua de Serpiente, y *Caballero Blanco* al montar a Sombragris. En el Sur es llamado *Incánus*.

Cuando Gandalf habla de sí mismo dice «al Este nunca voy» (*DT*, IV, v, 696), y en su presentación en *El Hobbit* se halla la razón de toda esta variedad: «¡Yo soy Gandalf, y Gandalf soy yo!» (12). Es decir, «mi nombre me significa», puntualizando el significado difuminado en la traducción castellana.[35] Porque en la Tierra Media el nombre alberga al ser, porque cada uno allí tiene una manera de referirse a la realidad que aspira a designarla en toda su plenitud. Es decir, en un momento de (saussuriana) desintegración lingüística, Tolkien se sitúa en un uso del lenguaje como designación esencial de la realidad, como estandarte y bastión de la plenitud de sentido que tienen las palabras.

Es decir, Tolkien comprendía que la realidad es en esencia polisémica, que la mejor vía de recuperar un modo de dicción coherente es el mito, y que su narración consistente resulta en una obra de arte, la cual es vehículo de verdad. Por todo ello, cuando, en el *legendarium* de Tolkien, los Elfos despertaron en Cuivienen, lo primero que vieron fue la luz de las estrellas sobre la superficie del agua, mientras esta fluía y caía sobre piedra (*S* 52-53). La luz quedó grabada en sus ojos por siempre. Fue lo primero a lo que pusieron nombre y sobre lo que basaron todo su ser.

En ese momento se consolida la relación entre lengua y mitología, en el momento en el que se descubre la creación y se acoge el ser sobre el que se conlleva la construcción como comunidad. Su ser parte de esa luz (*C* 211), y se hace presente en un saludo común, que resulta ser «una estrella arroja su luz a la hora de nuestro encuentro». En consecuencia, toda la mitología y obra élfica se basa y dirige a preservar aquello sobre lo que sus palabras se posaron (Segura 2021: 97-98): la luz de las estrellas, puestas en el cielo por deseo de Ilúvatar por la Vala Varda, que los Elfos llaman Elbereth e invocan en momentos de extrema necesidad (*S* 26).

De modo que la lengua erige una forma de ser y dimensión mitológica desde raíz. Ahí reside su intrínseca relación, según Tolkien. Por eso lo que la mitología nutre y siembra en los corazones es precisamente lo que siempre peligra; es decir, la fuente misma tanto del ser como de la lengua.

[35] «*I am Gandalf, and Gandalf means me*», en el original inglés.

Herencia inglesa

Tal como hemos visto, Tolkien postuló un entramado de lenguas relacionadas con un decir prístino, ligado a la experiencia de mundo desde ojos élficos. Esa tradición, con el tiempo, se guardaría en Inglaterra, dotando a esta de un marco mitológico ancestral. Para ello, Tolkien ensayó dos caminos metanarrativos.

El primero, simplificando las diversas versiones con las que Tolkien trabajó, se basa en la figura de Eriol, nativo de Angel, región de la península danesa Schleswig-Holstein, entre Flensburg fjord y el río Schlei, quien tuvo con Cwén a sus hijos Hengest y Horsa, los semimíticos líderes de la invasión anglosajona del siglo V, que Tolkien consideraba históricos (Tolkien 2006: 12-16; Shippey 2007: 183-84). Según Tolkien, tras la muerte de Cwén, Eriol navegó hacia el oeste y arribó a Tol Eressëa, donde se casó con una elfa, Naimi, también llamada Eadgifu, con la que tuvo otro hijo, Heorrenda. Durante su estancia lo nombraron Ælfwine, «amigo de los Elfos», aprendió los Cuentos Perdidos de boca de los Elfos, y contempló su ruina, antes de volver a su tierra con Heorrenda.

Tal como sabemos por la mención en la poesía de Déor, Heorrenda fue un trovador anglosajón que en su día compitió con aquel, y que parece que le quitó el favor del rey. Ahora bien, Tolkien estaba convencido de que Heorrenda fue el autor de *Beowulf*, y de que su prevalencia venía de su sabiduría. Por lo tanto, en la mente de Tolkien, todas las historias conocidas sobre los Elfos, la lucha contra Sauron... fueron escritas por Eriol o su hijo Heorrenda, quien se unió a sus hermanastros y partió a Britania para convertirla en Inglaterra.

El segundo eslabón metanarrativo lo forman los Hobbits. Su historia y genealogía, así como el hecho de que Frodo es llamado «amigo de los Elfos» (*CA*, I, III, 92), ligan las Midlands inglesas con la tradición anglosajona. *El Libro Rojo de la Frontera del Oeste*, que recoge los escritos de Bilbo, Frodo y Sam, después copiado varias veces y al que se agregaron suplementos, es la obra que, según Tolkien, llegaría hasta él entre manuscritos olvidados en Oxford, y en la que encontraría lo que es *El Silmarillion*, *El Hobbit* y *El Señor de los Anillos* (*ESdlA* 9; 23-24; *RR*, VI, IX, 1082).[36]

[36] Sobre la metanarrativa de Tolkien, véanse Agøy (2007), Brljak (2007), Cook (2015), Drout

Pero hay otro modo de otorgar a Inglaterra de un horizonte mítico propio al que Tolkien recurrió –tal como antes hemos expuesto con el ejemplo de Earendel–, que consiste en desplegar el contenido mítico de antiguas palabras; es decir, en expandir el significado en potencia de viejos nombres ingleses o islandeses. Así, *Middan-geard*, *Mið-garðr* y *Middle-earth* son una y misma Tierra Media, las mismas coordenadas de sentido. Por ello, Tolkien se interesó por la herencia galesa e islandesa en el inglés, además del acervo lingüístico y cultural de tales lenguas.

Al trazar puentes entre significados separados de una palabra histórica mediante la metáfora, esta recupera parte de su antigua unidad semántica. Por ello, mediante la exploración científica del sentido latente y posible de varias palabras, Tolkien recuperó poéticamente el pasado del noroeste de Europa. Palabras como *ent* (*C* 157),[37] *ond* (*C* 324)[38] o *earendel* se conviertieron para Tolkien en voces quenya que despliegan su mitología en tanto que engarzadas en la tradición anglosajona.

Además, al ligarse a los antiguos poetas, y concretamente a las palabras que eran ya lejanas para ellos, Tolkien lograba saltar sobre el abismo abierto con la imposición normanda y su obstaculización en la elaboración de un material nacional inglés. Al ligarse a la experiencia de mundo guardada en oscuras palabras, Tolkien lograba recrear el mundo antiguo del que los anglosajones fueron herederos. De modo que, en los versos de *Crist* o *Beowulf*, Tolkien encontró fuentes potentes y evocadoras, de las cuales fue capaz de crear no lo que fue –al menos históricamente–, sino lo que pudo haber sido –que sí fue, en mayor grado de imaginación– (*C* 239, 283, 272).[39]

Dicho brevemente, el *legendarium* de Tolkien consiste en un ensayo sobre la tradición a la que los antiguos autores miraban con asombro, lejanía y deseo de preservación en su nobleza, la cual logró rescatar

(en Chance 2004: 229-47), Flieger (2004; en Hammond y Scull 2006: 283-99), Garth (2014a: 295-300), Honegger (2007a), Houghton (en Chance 2003: 171-82) y Pezzini (2025: 84-148).

[37] Los Ents, fruto de la imaginación poética, son lingüísticamente consistentes y tradicionales. Véanse *C* 163, 247 y Flieger (2012).

[38] Tolkien empleó la raíz **gon(o)*, **gond(o)* para *piedra* en las lenguas élficas –en *Gondor* y *Gondolin*, por ejemplo–, basada en la reconstrucción *ond* por los lingüistas, que se supone previa al advenimiento de las lenguas de los celtas o germanos (*C* 324). Téngase presente que dicho núcleo está vivo en euskera, en palabras como *ondare –herencia, patrimonio, tradición–*, *hondar –sedimento, ruina, arena–* u *hondartz –arenal, playa–*.

[39] Sobre la línea anglosajona directa, a pesar del imperio del francés, véanse Tolkien (1929: 106; 2011: 10-15; 25) y Shippey (1999: 61; 2007: 45-47).

del olvido para los ingleses y toda la humanidad. En ningún momento fue repetidor de hechos o narraciones de otras épocas. Le interesaba, en cambio, la esencia de sus motivos y por qué habían causado tal profunda emoción en él. Por lo tanto, no pretendía suplantar a los antiguos poetas, sino comprenderlos y situarse junto a ellos, en su misma tradición.

En el contexto de lo expuesto es como se ha de considerar la dedicación de una tradición y mitología a Inglaterra, como exposición elaborada del mundo al que miraban los antiguos poetas de su misma tierra, como horizonte sobre el que veían luz más prístina y al que volcaban sus pensamientos y corazones.

V.

Lenguas élficas

No contento con usar la lengua en su capacidad más poética, mostrar su falta de univocidad e investigar su cambio histórico, Tolkien decidió experimentar cómo es eso posible, trabajando en su propia invención. Desde niño, se sentía fascinado por la eufonía, por el sonido y musicalidad de las palabras; a saber, cómo estas pueden ser brutas, duras, estridentes o suaves, dulces, profundas, y cómo son capaces de sostener una historia.

Eufonía y gramática

A la par de la reconstrucción del protoindoeuropeo por parte de la academia, Tolkien postuló un protoélfico, del que derivarían las lenguas inventadas que elaboró en mayor grado: el quenya y el sindarin. Su importancia y presencia en la Tierra Media es mayor que otras, precisamente porque son las más antiguas, tanto en invención como en la historia interna de la Tierra Media. Es decir, Tolkien elaboró un sistema mediante el que explicar sus cambios fonéticos históricos, cómo se despliegan de un ancestro. De ahí que pronto surgieran las historias migratorias de los Elfos que explicasen por qué las lenguas se desarrollaron tal como lo hicieron.

Tolkien, por lo tanto, en vez de buscar una construcción abstracta, ensayó la historia de cómo hubo de ocurrir la evolución de las familias lingüísticas. Es decir, cómo sonido, significado y forma hubieron de cambiar hasta llegar a las palabras hoy conocidas (*Camino Perdido* 194-230; 395-462). De modo que Tolkien es el primer inventor de lenguas por principios histórico-comparativos.

Su primer trabajo en el por entonces qenya en la primavera de 1915 vino mediante dos documentos clave: *The Qenya Lexicon* y *The Qenya Phonology*, obras vivas en los que desarrolló raíces y principios fonéticos influenciados por el finés sobre la base del latín, y que lo acompañaron y evolucionaron junto a la escritura de los Cuentos Perdidos. En dichos documentos se encuentran las bases a partir de las cuales inventó nombres de personas, lugares y objetos para sus primeros poemas ligados a su mitología. Por ejemplo, en *The Shores of Faery*, pueden apreciarse *Eldamar*, *Valinor* o *Taniquetil*.

A principios de 1916, Tolkien había desarrollado el qenya de modo que podía escribir poesía en él –el poema *Narqelion*, por ejemplo–, y a la vuelta de su participación en el frente revisó sus trabajos y creó una lista selectiva conocida como *The Poetic and Mythological Words of Eldarissa*, que tuvo presente para sus primeras historias en prosa. Para principios de 1920, cuando trabajaba en la Universidad de Leeds, hizo su primera *Qenya Grammar*.

La otra lengua de gran desarrollo se remonta a 1917-1918. Originalmente gnomish, goldogrin, y después noldorin, el sindarin –basado en el sonido del galés–[40] se creó en relación con el qenya pero teniendo en mente siglos de separación y contacto con otras gentes. Así, en *El Silmarillion*, el quenya es la lengua traída por los Noldor en su exilio a la Tierra Media tras su estancia en Valinor, mientras que el sindarin es la lengua de los Elfos Grises, que nunca habían cruzado el mar ni estado allí. *The Grammar and Lexicon of the Gnomish Tongue* se desarrolló junto a las obras sobre el qenya, de modo que ambas lenguas otorgan sensación de profundidad histórica y coherencia, a la vez que plasman de manera única el sentir de los Elfos por el cambio, la pérdida y la memoria.

De modo que lenguas hermanas muestran distintos aspectos estéticos o musicales, pero comparten una misma raíz poética. La fonación particular de una gente es, por lo tanto, la respuesta al modo en que percibe la belleza. Es decir, Tolkien elaboró sus gramáticas a

[40] Téngase en mente que mientras el finés es una lengua no indoeuropea, previa, anterior, o al menos distinta al indoeuropeo, lo cual ofrece la sensación de un pasado muy-muy lejano, el galés es la lengua de los extranjeros adyacentes a los anglosajones en las antiguas tierras de Britania.

partir de la hermosura de la fonación de la palabra, como reflejo de la sobreabundancia a la que se dirigen. Por lo tanto, dos lenguas de su gusto, de estilo y estructura –no de detalle– europeos, se relacionan históricamente y exigen un marco mitológico donde cobrar vida (*C* 144). Ahí está lo interesante, en el hecho de compartir y mantener una misma mitología.[41]

Temple y carácter

A lo largo de toda su obra, y especialmente patente en *El Señor de los Anillos*, Tolkien usó diferentes dialectos o formas discursivas para caracterizar a sus personajes, muchos de los cuales no son estándares. De ese modo, junto al grupo o comunidad a la que pertenece, el lector puede conocer la condición moral o cultural de los personajes mediante el modo en el que se expresan. Pueden apreciarse, además, variaciones de dialecto o cambios de lenguaje en la misma persona, como es en el caso de Aragorn, que crece o evoluciona de montaraz errante a rey.

Tal riqueza no solo da consistencia al mundo secundario, sino que se muestra como espejo de la variación lingüística del mundo primario, muy ligada, con especial énfasis, a las Midlands inglesas a las que Tolkien se sentía totalmente unido. Del mismo modo, la geografía, los lugares, además de ofrecer el escenario narrativo, marcan pertenencia y condición, y su caracterización complementa o reemplaza a sus habitantes.[42] Es destacable al respecto el siguiente comentario de Legolas al oír un canto en la lengua de los Jinetes de la Marca:

> [Aragorn] Se puso a cantar dulcemente en una lengua lenta, desconocida para el elfo y el enano; ellos escucharon, sin embargo, pues la música era muy hermosa.
>
> —Esta es, supongo, la lengua de los Rohirrim —dijo Legolas—, pues podría comparársela a estas tierras: ricas y onduladas en parte y

[41] Para un análisis descriptivo de las lenguas élficas, véanse *Parma Eldalamberon* (1995; 2011), Downing (1982), González Baixauli (2017), Noel (1980), Arden Smith (1997) y Solopova (2009: 75-90).

[42] Al respecto, véanse *C* 171, Gymnich (2005), Hyde (1982), Johannesson (2004), Ross Smith (2006) y Shippey (1999: 144-49).

> también duras y severas como montañas. Pero no alcanzo a entender el significado, excepto que está cargado de la tristeza de los Hombres Mortales (*DT*, III, VI, 523).[43]

Bajo estas palabras en boca del elfo, Tolkien deja entrever su pensamiento acerca de la lengua y su musicalidad: que refleja el ser de sus hablantes, ligado a la tierra en la que habitan. Así, con cada lengua, Tolkien mostró que los Hobbits son acordes a la Comarca, o los Orcos a Mordor. O se sabe que los Sindar no fueron a Valinor. En una visión de mundo, en una forma única de contar y cantar la realidad, sonido y significado se dan la mano. Cada lengua, por lo tanto, muestra cómo las gentes que lo hablan responden a la sobreabundancia y musicalidad del mundo.

Despliegue narrativo

Tal como hemos expuesto, Tolkien propone pensar en la unión intrínseca entre lengua y realidad. De ahí que pensara que el receptor sensible a ello pudiera sentir la historia y carácter de una gente y lugar al oír su lengua, a través del juicio sobre su estética musical. A eso remite el comentario de Legolas, a poder percibir, aunque sea desconocida, la tradición de sentido que las lenguas acarrean junto a su melodía. Y junto a ello, Tolkien remite al hecho de que toda lengua encauza una tradición que muestra a cada hablante lo antiguo que es el mundo y lo que hay en él. De ahí que su obra sea también la exploración entre lengua, narración y mundo: «Fue al estallar la guerra de 1914 sobre mí cuando hice el descubrimiento de que las 'leyendas' dependen de la lengua a la que pertenecen; pero una lengua viva depende igualmente de las 'leyendas' que transmite por tradición» (*C* 180).

El mejor ejemplo de lo dicho es Bárbol, quien no podía llamar a una colina simplemente *colina*, ni podía decir su nombre brevemente, pues todo nombre debe de dar cuenta de una larga historia, de la explicación del despliegue del ser invocado (Segura 2004: 76). El pensamiento del ent muestra claramente el entendimiento del despliegue del *Lógos*, y el uso de la segunda persona en el fragmento

[43] Otros momentos de sensibilidad lingüística destacables son *CA*, I, III, 87; VIII, 156; II, I, 248; III, 298; VII, 373; *RR*, V, III, 829; VI, VI, 1027; IX, 1083; *S* 158-59 y *C* 137, 321.

que citamos a continuación parece ser una explicación directa de su saber filológico al lector u oyente moderno:

> —En cuanto a mí, no os diré cómo me llamo, no por ahora al menos [...] Ante todo me llevaría mucho tiempo; mi nombre crece continuamente; de modo que mi nombre es como una historia. Los nombres verdaderos os cuentan la historia de quienes los llevan, en mi lenguaje, en el viejo éntico, como podría decirse. Es un lenguaje encantador, pero lleva mucho tiempo decir algo en él, pues nunca decimos nada, excepto cuando vale la pena pasar mucho tiempo hablando y escuchando [...] Dejemos este… ¿habéis dicho cómo lo llamáis?
>
> —¿Colina? —sugirió Pippin.
>
> —¿Cornisa? ¿Escalón? —sugirió Merry. Bárbol repitió pensativo las palabras.
>
> —Colina. Sí, eso era. Pero es una palabra apresurada para algo que ha estado aquí desde que se formó esta parte del mundo (*DT*, III, IV, 478-79).

La idea subyacente, la creación de toda una historia a partir de un nombre, o la narración del despliegue del mundo, la expresó Tolkien de manera críptica, como era su costumbre: «De mi mente surgen todavía 'historias' a partir de los nombres, pero es una tarea difícil y compleja» (*C* 315). Es decir, en toda creación, el ser se despliega, y si se quiere decir, será necesario contar todo su despliegue. Así como el ser creado crece en tanto que se despliega, su nombre se ensancha, lo cual remite al desglose del *Lógos*, que mientras siga ejecutándose como incesante Creación, más *lógoi* habrán de contarse para poder saber de él. En palabras de Harvey:

> Para Tolkien, las palabras son mito. El lenguaje que él ideó es, como cualquier idioma, algo vivo, en crecimiento y desarrollo. Las palabras encarnan una historia, un origen mítico. Esto no es infrecuente [...] La Saga *Éddica* utiliza este recurso. Todos los nombres de Odín se relacionan con sus actos y son una forma abreviada de resumir un mito odiniano (2016: 65-66).

Bárbol, por lo tanto, presenta dos posibilidades para poder nombrar el ser. Por una parte, la dicción narrativa de un nombre, que habrá de contar una historia, y, por otra, la dicción poética, que habrá de contar un mito, una palabra de núcleo semántico en unidad. No narra su nombre, porque «¡eso sería decirlo todo!» (*DT*, III, IV, 477),[44] pero después dirá a los hobbits que él es Fangorn, *el* Ent, el Antiguo. Lo que sí narra es el lugar que tan parcamente han llamado los hobbits:

> —Pero ahora —y los ojos se volvieron muy brillantes y «presentes» y pareció que se achicaban y hasta que se afilaban— ¿qué ocurre? ¿Qué hacéis vosotros en todo esto? Puedo ver y oír (y oler y sentir) muchas de estas cosas y de estas y de estas *a-lalla-lalla-rumba-kamanda-lind-or-burúmë*. Excusadme, es una parte del nombre que yo le doy; no sé qué nombre tiene en los lenguajes de fuera: ya sabéis, el sitio en el que estamos, el sitio en que estoy de pie mirando las mañanas hermosas y pensando en el Sol y en las hierbas de más allá del bosque y en los caballos y en las nubes y en cómo se despliega el mundo (*DT*, III, IV, 478-79).

Eso es, precisamente, lo que el mito dice: el ser en la experiencia de su despliegue, abarcando lo interno y lo externo. La diferencia entre *mythos* como palabra germinal y *mythos* como narración es sutil, hasta que Bárbol describe lo que hace ser a ese lugar lo que es. El mito, por lo tanto, acoge al ser para decir lo que ha sido hasta ser ahora, y deja abierta su posibilidad, su actual despliegue. De ahí que Bárbol deberá recoger la nueva creación que encuentra y no reconoce en los hobbits:

> —¿Quiénes sois vosotros, me pregunto? No alcanzo a reconoceros. No me parece que estéis en las largas listas que aprendí cuando era joven. Pero eso fue hace mucho tiempo y pueden haber hecho nuevas listas. ¡Veamos! ¡Veamos! ¿Cómo era?
>
> *Aprended ahora la ciencia de las criaturas vivientes:*
> *Nombrad primero a los cuatro, los pueblos libres:*
> *los más antiguos, los hijos de los Elfos;*

[44] La traducción al castellano es semánticamente correcta, pero el original inglés es más certero: «*Now that would be telling!*».

el Enano que habita en moradas sombrías;
el Ent, nacido de la tierra, viejo como los montes;
el Hombre mortal, domador de caballos.

[...] Era una larga lista. ¡Pero de todos modos parece que no encajaréis en ningún sitio!

—¿Por qué no añadir otra línea? —dijo Pippin:

—*Los hobbits medianos, que habitan en agujeros* (*DT*, III, IV, 477-78).

El nuevo verso que Pippin compone y Bárbol aprueba muestra cómo se obra en la tradición oral. Lo que se cuenta y canta es memorable y merece ser transmitido. Es conocimiento en cuanto entra en cuento o canción, y eso mismo también supone el reconocimiento de aquel ser que narra o salmodia con la vivencia de aquello a lo que se refiere. Ahora bien, Bárbol no sabe lo que los hobbits son, y nunca ha oído tal palabra. Pero sabe que, aun siendo uno de los primeros en habitar la Tierra Media desde un pasado olvidado, hay creaciones que él no conoce, porque el mundo sigue desglosándose, creciendo (*C* 312). Por ello, a pesar de no conocer la palabra *hobbit*, sabe que no es élfica, pero que suena bien para lo que significa. Su sonido y su significado están en equilibrio.

Simbolismo fonético

Tolkien llamaba adecuación fonética a la concordancia entre sonido, significado y forma en la palabra (2016a: 64-65),[45] adecuación que es más difícil de encontrar en lenguas reales que en inventadas, porque más allá de la familiaridad, está presente el peso de la tradición, que influye en la forma en que las palabras del pasado tienen en el presente, y la forma que las nuevas habrán de tener. «No existe en el idioma histórico, tradicional o artificial,

[45] Tolkien llega a postular que existe una lengua simbólica de base a toda lengua humana, que liga sonido y significado con el ser y su expresión: «En dos lenguas diferentes, muy poco relacionadas entre sí, y donde no es posible que haya préstamos de una a otra, encuentras palabras muy similares tanto en sonido como en significado. Por lo general el hecho se toma por una casualidad y se olvida, y supongo que algunos de los casos no son significativos. Pero apuesto a que en ocasiones pueden ser el resultado de un proceso oculto de creación de símbolos que llega a conclusiones similares a través de caminos diferentes. Sobre todo cuando el resultado es hermoso y el significado poético, como en el caso de Éarendel» (*Caída de Númenor* 112-13).

la pura creación en el vacío» (1998: 244) dice Tolkien, por eso considera que las palabras no son creadas, sino *hechas*. Es en este punto donde las lenguas inventadas cobran importancia, al ofrecer el marco donde crear, para gozo y belleza.

Tal como queda patente en *Essay on Phonetic Symbolism* (2016a: XXXI; LII-LVI), Tolkien conocía bien la obra de Edward Sapir y Richard Paget sobre simbolismo fonético, así como las tendencias de vanguardia de escritores como Gertrude Stein y James Joyce, que rompían con toda convención entre significante y significado. Encontrar simbolismo fonético original es difícil, pues todo cambio lingüístico obstaculiza encontrar la respuesta eufónica primordial a los seres. Además, ya en la Ilustración, en su *Estudio sobre el intelecto humano* (3.2.1), John Locke expuso que no hay relación entre sonido e idea, porque de ser así la humanidad solo tendría una lengua.

Su postura, como la de Saussure, se basa en el planteamiento de que, si existen varias palabras que designen lo mismo, no todas pueden ser correctas, para concluir que toda palabra es arbitraria. Sin embargo, más allá del papel fundamental de la música de la palabra, las consecuencias de esta postura tienen carácter metafísico, dado que la lengua deja de ser creativa y simbólica para ser netamente comunicativa. Es decir, la negación de la isomorfía entre lengua y realidad da paso a la relatividad de ambas, además de a la pérdida de importancia del sonido, el ritmo, la cadencia, los silencios, los adémanes, la mirada…

No obstante, paralelamente a la pérdida de naturalidad y musicalidad de las lenguas, su representación se ha buscado en la ficción mediante invención lingüística. Desde *Los viajes de Gulliver* de Jonathan Swift (1726) a *Silvia y Bruno* de Lewis Carroll (1889), el sentido mediante el sonido ha estado vigente en la ficción, con el objetivo de dar fondo y veracidad a la narración representando lenguas que muestren el carácter particular de su cultura (Higgins 2015: 38-51). Es en esa línea en la que se engarza Tolkien, y es importante atender a su comprensión de la relación entre la persona y una particular combinación de sonidos y sentidos. En su ensayo *Un vicio secreto*, Tolkien expuso:

> Cada uno de nosotros posee su propio potencial lingüístico: cada uno de nosotros posee una *lengua nativa*. Pero ese no es el idioma que hablamos, nuestra lengua materna, la que primero aprendimos. Desde el punto de vista lingüístico todos nosotros llevamos ropas

> de confección, y nuestra lengua nativa raramente sale a la luz, salvo quizá cuando tira de la ropa confeccionada, hasta que nos sienta un poco más cómoda. Pero aunque pueda ser enterrada, nunca se extingue del todo, y el contacto con otros idiomas puede sacudirla profundamente (1998: 228-29).

Acerca de su propia lengua nativa –el quenya–, de sus predilecciones lingüísticas, diría:

> Expresa, y a la vez ha fijado, mi gusto personal. Del mismo modo que la construcción de una mitología expresa al principio el propio gusto, y después condiciona la propia imaginación, y se convierte en algo ineludible, lo mismo ocurre con este idioma. Puedo concebir, aun esbozar, otras formas radicalmente distintas, pero siempre de modo inconsciente e inevitable vuelvo a este en concreto, que por lo tanto debe ser o haberse convertido en mío de una manera peculiar (1998: 254).

Para Tolkien, el sonido de una lengua es la vibración de su participación como instrumento en el coro de la realidad. Al comprender que las lenguas derivan de la percepción estética y geográfica de la gente que las habla, Tolkien llegó al convencimiento de que la polifonía de las lenguas responde al mismo principio del que surge el mito: la percepción multidimensional de la realidad. De ahí que se expusiera a sí mismo, al igual que al receptor de su obra, a la intuición de que hay algo amenazante en el nombre de *Melkor*, ausente, por ejemplo, en el de *Manwë*, sin necesidad de saber quiénes son (Holmes 2010: 27-31; Kreeft 2005: 153-62).

Apertura lingüística

Para Tolkien, la palabra no está cerrada ni es estática: abarca todo un mundo. Debido a ello, comprendió que la invención lingüística y creación mitológica son trabajos radicalmente relacionados. Por eso tuvo la necesidad de crear un mundo en el que un saludo que nombra la luz de las estrellas sea significativo, sea completamente coherente. Por lo tanto, la Tierra Media es un mundo doblemente secundario:

por pertenecer a Fantasía y por venir después de sus lenguas. La creación de varias formas de habla, por ende, responde al deseo de degustar cómo la variedad de sonidos y colores, palabras e historias, descubre el designio creativo del mundo.

De modo que el nombrar hizo a Tolkien trabajar «hacia atrás», elaborando la historia de sus palabras inventadas, y dando a conocer tanto la forma como el significado que hubieron de tener en un pasado imaginario. Tal como Segura ha comentado en algunas de sus conferencias, al igual que Adán a petición de Dios (Gn 2,19-20) da nombre a las criaturas y Él se complace en verlo, se debería situar a Tolkien en ese momento de exploración de la nueva composición de la Palabra dada: la apertura y fundación de un nuevo poema desde el *Lógos* a través del artista como subcreador, y de la alegría del encuentro de la verdad tras el esfuerzo.

De hecho, la invención lingüística no tenía ningún fin pragmático en la mente de Tolkien. No pretendía que sus lenguas se hablaran en este mundo. Su uso se circunscribe al mundo secundario que forma la Tierra Media, y ofrecen tal verosimilitud, placer, engrandecimiento y deseo que hacen de la historia una gran obra de arte; de ahí su desarrollo como para poder escribir himnos o poesía en ellas. La intención de Tolkien, por lo tanto, era estética, religiosa y epistemológica.

En consecuencia, todo lo dicho puede resumirse en que la obra literaria de Tolkien crece a partir del poder semántico de las palabras, y en que la búsqueda de su mayor grado artístico deriva en el anhelo de exponer nueva verdad en la polisemia del mundo. En otras palabras, presentar bajo nueva luz la unidad entre el despliegue del mundo y su designio divino.[46] Pues, tal como Segura ha expuesto, ante un mundo que se revela sobreabundante de sentido, la mejor respuesta posible consiste en designar su multiplicidad semántica, que como palabra subcreadora es capaz de encontrar la vía hacia la unidad.

De modo que en Tolkien se halla a una figura única en la historia de la literatura: es el poeta que crea a partir del nombre del ser y de su despliegue narrativo, y es consciente de la capacidad particular del mito para vehicular ciertas verdades que de otro modo no pueden ser alcanzadas. Desde el principio, desde antes de su participación en la Primera Guerra Mundial, Tolkien aparece ya indisolublemente como filólogo-poeta, en búsqueda de todo el potencial mítico del lenguaje y de la realidad.

---

[46] Al decir de Maritain (1945: 30): «El arte no es una caricatura de la creación, *continúa* la creación, crea por así decirlo en la segunda etapa».

SEGUNDA PARTE:

MORTALIDAD

En la primera parte, a través del estudio filosófico del lenguaje en la obra de Tolkien, hemos llegado a la siguiente conclusión: el mito es verdad mediante poesía. Se trata de la dicción de la hondura y trascendencia de la realidad, de su vivencia y ofrecimiento a participar en esta, a partir del despliegue narrativo del campo semántico contenido en las palabras, las cuales remiten a su vez a la quietud ante la sobreabundancia fundadora.

Dicha conclusión será ahora la premisa de esta segunda parte, en la que trataremos sobre la verdad nuclear de la mitología de Tolkien, la cual se erige en torno al tema de la muerte e inmortalidad. Por lo tanto, tras haber investigado la estrecha relación entre mito y lengua, se abre el camino para llegar a comprender la afirmación de su obra como «ensayo de estética lingüística sobre la muerte y la inmortalidad». En otras palabras, tras decir *cómo* el mito es verdad en Tolkien, versaremos ahora sobre *cuál* es el núcleo donde esta se erige.

Comenzaremos por recordar el ejemplo que Eduardo Segura ha dado en algunas de sus conferencias, sobre la nieve de Sierra Nevada, en Granada. Segura dice que la nieve no es blanca, que durante el día adquiere distintos matices; que aparte de su explicación física, todo ello es un milagro. Según se alza y baja el sol, la nieve es blanca, y malva al atardecer, y violeta después, y naranja, y oscura al final. «Para volver a ser blanca al día siguiente, si tenemos la fortuna de amanecer a un nuevo día». A nuestro juicio, en esas palabras, similares a las que describen el asombro de Pippin al vislumbrar Minas Tirith cabalgando con Gandalf, se halla una gran interpretación de la obra de Tolkien:

> Y entonces, ante los ojos maravillados de Pippin, el color de los muros cambió de un gris espectral al blanco, un blanco que la aurora arrebolaba apenas, y de improviso el sol trepó por encima de las sombras del este y un rayo bañó la cara de la ciudad. Y Pippin dejó escapar un grito de asombro, pues la Torre de Ecthelion, que se alzaba en el interior del muro más alto, resplandecía contra el cielo, rutilante como una espiga de perlas y plata, esbelta y armoniosa, y el pináculo centelleaba como una joya de cristal tallado; unas banderas blancas aparecieron de pronto en las almenas y flamearon en la brisa matutina, y Pippin oyó, alto y lejano, un repique claro y vibrante como de trompetas de plata (*RR*, V, I, 785).

Belleza y sobreabundancia no exentas de amenaza, siendo por eso mismo vehículo de bondad y esperanza, son la vertiente mediante la que mito y muerte se aúnan en el pensamiento de Tolkien. Explorar tal relación es el principal objeto de la segunda parte de nuestra investigación.

VI.

Tierra Media

La muerte fue algo cercano a Tolkien desde la niñez. A los cuatro años perdió a su padre, y a los doce, a su madre. Tras la edificación de una nueva vida durante su adolescencia, esta se desmoronó en gran parte debido a la Primera Guerra Mundial, en la que participó y perdió a dos de sus mejores amigos. En la madurez, perdió a seres cercanos –Francis Morgan, Eric V. Gordon, C. S. Lewis–. No obstante, hay otra vertiente de la muerte por la que Tolkien se preocupó: la relación entre arte y artista, pues el anhelo de belleza y su vehiculación mediante el arte encuentran un límite: la degradación y la muerte. Argullol (1995: 14) dice así:

> Por lo general, los hombres han relacionado la búsqueda de un sustrato de lo bello a su deseo de trascendencia. Y ese sustrato, la belleza, se ha vinculado a los anhelos de eternidad, de inmortalidad, de divinidad, de perfección, que los hombres han erigido en motivos fundamentales de sus creencias. Para muchas culturas la belleza, entendida como ese principio invisible que rige las formas y llama a las emociones, es identificada como una esencia de lo divino cuyos reflejos solo esporádicamente entrevén los hombres. La belleza es, entonces, una aspiración sagrada y pertenece al campo de lo mágico y de lo religioso. Las obras humanas, como las pirámides egipcias, las catedrales góticas o las conductas ascéticas, son caminos para elevarse –artística o moralmente– hacia una belleza que les aproxima a la deidad.

Es decir, el arte se sitúa como frontera que exige pensar la muerte desde dos vertientes: aquella en la que el ser humano se ve superado por su arte, en la que el artista perece antes que sus obras; y aquella en la que el ser humano supera a su arte, en la que las obras perecen antes que el artista. En otras palabras, el arte puede ser más o menos duradero que su autor. Dicha tensión es la que ofreció a Tolkien el marco en el que ensayar la temática de la muerte, estudiando al ser humano como Elfo inmortal y Hombre mortal, hasta llegar a hablar de la muerte como don.

Aragorn y Arwen

Para llegar a descubrir la relación y desarrollo de sentido que subyace a todo el *legendarium* de Tolkien y a los tres textos académicos más señalados, comenzaremos por exponer el restablecimiento de la muerte como don por Aragorn. En el último fragmento del apéndice A (I, v) de *El Señor de los Anillos*, hallamos a Aragorn en su voluntario lecho de muerte ante Arwen:

> —Dama Undómiel —dijo Aragorn—, dura es la hora sin duda, pero ya estaba señalada el día en que nos encontramos bajo los abedules blancos en el jardín de Elrond, donde ya nadie pasea. Y en la Colina de Cerin Amroth cuando tú y yo rechazamos la Sombra y renunciamos al Crepúsculo, aceptamos este destino. Reflexiona un momento, mi bienamada y pregúntate si en verdad preferirías que esperara a la muerte, y verme caer del trono achacoso y decrépito. Oh Dama, soy el último de los Númenóreanos y el último Rey de los Días Antiguos; y a mí me ha sido concedida no sólo una vida tres veces más larga que la de los hombres de la Tierra Media, sino también la gracia de abandonarla voluntariamente, y de restituir el don. Ahora, por lo tanto, me voy a dormir.
>
> No te diré palabras de consuelo, porque para semejante dolor no hay consuelo dentro de los confines de este mundo; a ti te toca una última elección: arrepentirte y partir hacia los Puertos llevándote contigo hacia el Oeste el recuerdo de los días que hemos vivido juntos, un recuerdo que allí será siempre verde, pero sólo un recuerdo; o de lo contrario esperar el Destino de los Hombres.

—No, amado señor —dijo ella—, esa elección ya no existe desde hace largo tiempo. No hay más navíos que puedan conducirme hasta allí, y tendré en verdad que esperar el Destino de los Hombres, lo quiera o no lo quiera. Pero una cosa he de decirte, Rey de los Númenóreanos: hasta ahora no había comprendido la historia de tu pueblo y la de su caída. Me burlaba de ellos, considerándolos tontos y malvados, mas ahora los compadezco al fin. Porque si en verdad éste es, como dicen los Eldar, el don que el Uno concede a los hombres, es en verdad un don amargo.

—Así parece —dijo él—. Pero no nos dejemos abatir en la prueba final, nosotros que otrora renunciamos a la Sombra y al Anillo. Con tristeza hemos de separarnos, mas no con desesperación. ¡Mira! No estamos sujetos para siempre a los confines del mundo, y del otro lado hay algo más que recuerdos, ¡adiós! (*ESdlA* 1094).

Se trata de una despedida sobre la cual no se sabe nada del reencuentro, tal como indica el saludo en el original inglés –*farewell*–. No es un mero «hasta luego», sino un total adiós. Pero Aragorn explica que el duro momento de la separación se conocía desde su primer encuentro, y que lo afianzaron con una posterior elección, cuando en la Noche de Pleno Verano, sobre la colina de Cerin Amroth, descalzos entre perennes flores, miraron a la Sombra del Este y al Crepúsculo del Oeste, y a ambos dijeron no (*ESdlA* 1091-92); especialmente Arwen, pues para ella la elección fijaba un cambio de destino total, al corresponderle viajar al Oeste con los de su raza. Sin embargo, al igual que Lúthien antes que ella, decidió unirse en amor a un mortal, y compartir su destino y partida.[47]

Además, Aragorn hace pensar a Arwen qué ocurriría si abandonara la decisión de morir; es decir, si negara la muerte hasta verse forzado a perecer en la vejez.[48] Pero recurre a su linaje y al don de elegir con sabiduría cuándo abandonar la vida, cuándo devolverla. Aragorn, por lo tanto, acepta la muerte como don, como vía a salir de la vida terrena llevada a culminación.[49] La muerte de Aragorn es, consecuentemente,

[47] Finalmente, se acostará a morir sobre la mencionada colina en la que como lugar sagrado aceptó y selló su destino (*ESdlA* 1095). Al decir de Greenwood (2005: 187): «Al igual que Lúthien, Arwen renuncia a la inmortalidad y asume la mortalidad como regalo a Aragorn».

[48] Como Medio-Elfo, podía postergar la elección de su destino (*C* 153, 154).

[49] Sobre el heroísmo de Aragorn, véanse Harvey (2016: 123-41), Nicholas (2017) y Simonson (2008: 151-74).

sumirse. No como en el sueño, en el que el alma parte para retornar al cuerpo vivificado de espíritu. En la muerte, el alma parte con el espíritu, y deja atrás el cuerpo terreno (1 Tes 5,23).

La separación es dura, y Arwen se mantiene firme, mas no deja de señalar lo amargo del «regalo de Dios». Tal como su padre Elrond había previsto, el Destino de los Mortales le parece duro al final (*ESdlA* 1092; *C* 154). Pero Aragorn, al que llamaban Estel –Esperanza–, da noticia de una luz más allá de los Círculos del Mundo,[50] una luz que no es un recuerdo, sino presencia. Es capaz de abrir la vía a la «esperanza más allá de toda esperanza» (*ESdlA* 1093), al restaurar la virtud teologal de la fe como victoria ante la oscuridad que pesa sobre la muerte, y restablecer esta como don.

Explorar el significado de los Círculos del Mundo indicados por Aragorn servirá de base para nuestra investigación. Con ello asentaremos la geografía mítica a la que Tolkien remitía en su obra, enriqueciendo su conocimiento de la tradición germana.

Mar circundante

En la antigüedad, *middan-geard* designaba el mundo del ser humano en contraposición a los otros mundos, de Dioses, Gigantes, Elfos, etc. (Lönnroth 2002). Se trata del «nombre antiguo de *oikoumenē*, sitio de la morada de los Hombres, el mundo objetivamente real, utilizado específicamente en oposición a los mundos imaginarios (como el País de las Hadas) o los mundos invisibles (como el Cielo o el Infierno)» (*C* 183), y «entre el hielo del Norte y el fuego del Sur» (*C* 211). Se trata, por lo tanto, de un nombre que muestra la creencia y sensibilidad poética de «ser del medio, estar en el medio», sea en línea horizontal o esférica, pues para los antiguos pueblos de la costa occidental de Europa, las aguas no eran simplemente el mar u océano tal como lo son para la mayoría de las mentes del presente, sino mucho más: «Era una vía fluvial que marcaba el límite entre este mundo y el siguiente» (Bates 2003: 252).

[50] *Círculos*, y no *confines*, tal como dice el original inglés. Precisamente, esa es la primera vez que los lectores de Tolkien, en 1955, tienen constancia de ellos. Por otra parte, recientemente Whitmire (2023) ha estudiado la historia de Aragorn y Arwen sobre la línea de *estel*.

El mar era Mar, *gārsecg*, que rodea el mundo y lo circunda como isla: la Tierra Media. El barco, por lo tanto, para aquellos de cuerpo de carne, significaba el medio o vehículo para trasladarse de este mundo a otro, con la esperanza de hallar las orillas desconocidas de allende (*C* 325). La importancia de todo ello radica en que la Tierra Media, desde la perspectiva del ser humano mortal, puede ser tocada por aquellos benditos que habitan más allá del Mar; es decir, saben que es cuestión de gracia que esa presencia acceda al lugar *cercado* por las aguas. Pero el Mar no es el único Círculo del Mundo –Aragorn lo hace en plural–. Hay algo más, fundamental para comprender la tradición germana a la que Tolkien pertenece.

Tal como dice Fisher (2010: 2), los Círculos del Mundo forman «una imagen llena de nostalgia y pérdida». Pero antes de pensar en la soledad que el ser humano pueda sentir en ese «claro de luz» del que Tolkien hablaba en *Beowulf: los monstruos y los críticos* tras la pérdida de un ser querido o la belleza élfica que parte para no volver –así se cierra la Tercera Edad–, está la soledad marcada por la situación en que la Oscuridad acecha continuamente.

¿Qué significan, pues, los Círculos del Mundo, en cuanto que circundan la Tierra Media, lugar de los seres humanos? Fisher allana el camino al destacar la apertura de «Heimskringla» en *Ynglinga Saga*, con las palabras «*Kringla heimsins*»:

> En primer lugar, *heimsins* es el genitivo singular del sustantivo masculino *heimr*, «región, mundo, tierra», con la adición del artículo definido; por lo tanto, «del mundo». El nórdico antiguo *heimr* tiene cognatos en el alemán *Heimat («patria»), el inglés antiguo hám («hogar, región, morada», de donde proviene el inglés moderno hamlet* y el nombre de hobbit de Tolkien, *Hamfast*), y, por supuesto, en el inglés moderno familiar *home*.
>
> La otra palabra, *kringla*, es un sustantivo femenino, declinado en nominativo singular, que significa «disco, círculo, orbe». El sustantivo tiene una conexión obvia con el disco-mundo de la mitología nórdica, como señala Lewis en *La imagen descartada* (141). Sus cognatos incluyen el griego *kyklos*, el latín *circus* (de donde proviene el inglés antiguo *circul*) y el alemán *Kreis*. Pero hay otra palabra aparente y estrechamente relacionada con *kringla*, y central en los estudios de Tolkien: *hringr*, que significa «anillo», pero a la que también se le

> atribuye el significado secundario de *«círculo»*. *Esto tiene sentido, por supuesto, dada la relación lógica entre un círculo y un anillo (que es en sí mismo circular). De hecho, existe otra forma* de *kringla* en nórdico antiguo, *kringr*, que parece unir ambos en una sola palabra. Los Círculos del Mundo de Tolkien, por lo tanto, presentan una conexión irónica con los Anillos, tan importantes para su mitología (2010: 7).

La tradición islandesa, por lo tanto, comprendía la designación indicada, y ha de suponerse que su segunda acepción esté ligada en la obra de Tolkien al Mal. Tal como veremos, mediante la insaciable voluntad de Melkor, Tolkien ensayó ambos sentidos en su *legendarium*, desde el hecho de que la Tierra Media está cercada por el Mal, y que esa centralidad de lo hostil afecta a su desarrollo y destino.

Círculo de Morgoth

Melkor, la criatura más poderosa, coevo de Manwë en el pensamiento de Ilúvatar, tomó la senda de la soberbia y se convertió en Morgoth, el Enemigo. Para cuando Manwë y Melkor se encontraron por primera vez desde su descenso a Eä en la negra Utumno, este se había reducido mucho como persona, pues su poder se estaba dispersando en el mundo creado (*AM* 444-48): «Ya que mientras crecía en malicia y daba al mal que él mismo concebía formas de engaños y criaturas malignas, el poder pasaba a ellas, y se dispersaba, y él estaba cada vez más encadenado a la tierra, y ya no deseaba abandonar las fortalezas oscuras» (*S* 114).

Ese aferramiento a todos los elementos constituyentes de la tierra, ese paso de su poder al mundo físico –del que derivaba su miedo a exponerse a ser herido debido a su permanente encarnación, y la amargura de no poder abandonar la realidad de la que es condición–, tuvo consecuencias para toda la Creación: todo lo que naciera o creciera en ella, «bestias, plantas o espíritus encarnados, eran susceptibles de ser 'mancilladas'» (*AM* 449; *vid.* 1 Jn 5,19; Guardini, 1954: 151).

Al odiar todo lo que encontrara y no procediera de su mente, y al ser consciente de que no podía aniquilar realmente a ningún ser sino destruirlo o corromperlo, en su afán de erigirse en Señor –tal como se nombra a sí mismo (*S* 89; 91)–, optó por doblegar el mundo por la fuerza y dominio físico. Pero algo más sabía Melkor que no podía soportar y delataba su impotencia y nulidad: aunque todo lo emponzoñara, los Valar, Elfos y Hombres seguían amando el mundo, y trataban y lograban sanar o embellecer todo lo que podían.

En su rabia total, de haber logrado la victoria, Melkor hubiera seguido la senda del nihilismo hasta tratar de reducir todo a caos y cenizas, incluidos sus sirvientes. Pero tal como Tolkien expone, también entonces su victoria sería derrota, porque aquello que quedara existiría independientemente a su mente y voluntad. Seguiría habiendo Creación en potencia, en la que otras mentes, distintas de la suya, continuarían tomando parte (*AM* 448-51).

Al contrario, para lograr el dominio de Arda, Sauron ni cayó tan bajo como Melkor ni se vio obligado a gastar tanto de sí. Desde un principio, no estuvo tan interesado en su propia soberbia: no fue él quien inició la discordia en la Música, y prestó atención a elementos que Melkor hubo de pasar por alto detenido en su propia mente, pues no le molestaba la existencia del mundo –sobre el que en principio quería colaborar en ordenar–, sino que buscaba la coherencia del todo, hasta que la voluntad de orden procedió de sus pensamientos y se dirigió a propósitos propios.

Por esa razón, y aprovechando la corrupción del mundo integrada por Melkor, aunque de menor estatura por naturaleza, llegó a ser más grande en la Segunda Edad que Melkor al final de la Primera, pues su afán de romper, subordinar y absorber voluntades a la suya no tenía como fin último destruir otros seres, sino dominarlos (*AM* 448-53); es decir, devorarlos. Tal como dicen los versos sobre el Anillo Único (*CA*, I, II, 59), lo quería todo a su merced:

> Un Anillo para gobernarlos a todos.
> Un Anillo para encontrarlos,
> un Anillo para atraerlos a todos
> y atarlos a las tinieblas
> en la Tierra de Mordor donde se extienden las Sombras.

Tal como veremos, el círculo al que Sauron se liga y las tinieblas que encierra forman un tema muy importante, pero antes de llegar a él hemos de explorar las implicaciones del esfuerzo de Melkor por identificarse con el cuerpo físico de Arda, que nombra para sí (*S* 19), y hacer que todo ser que participara de ella tuviera en sí su propio venenoso ingrediente. Porque todos aquellos que compartían el elemento de su malicia no quedaban totalmente independientes de su influencia, y desarrollaban mayor o menor tendencia hacia él en cuerpo, y en consecuencia, en alma.

Así, a diferencia de la concentrada energía de Sauron, el diseminado poder de Melkor obligaba a enfrentarlo por la fuerza física y combate directo, lo cual necesariamente suponía gran destrucción de lo creado. Al decir de Tolkien: «La 'Tierra Media' entera era el Anillo de Morgoth» (*AM* 455), y la guerra contra él llevaba inevitablemente al caos, tal como se aprecia en la Gran Batalla, en la que Beleriand es tragada.

Al contrario, la victoria contra Sauron podía lograrse con la destrucción del Anillo, pero la completa victoria contra Morgoth supondría la total erradicación de su elemento en la materia de la creación, por lo que habría que desintegrar totalmente Arda. Sin embargo, cuando definitivamente se planea luchar contra él y es vencido, es ejecutado y sacado del plano físico del mundo: su espíritu es separado de su cuerpo y arrojado al Vacío (*AM* 458-59; *C* 297).

El pecado de Melkor fue la soberbia, la búsqueda de su propia gloria, el aplaudido reconocimiento: romper y hacer un «solo» en la Gran Sinfonía que Ilúvatar propuso. En su corazón llegó a despreciarlo todo excepto a sí mismo, y no anheló otra cosa que torcer todo a sus propios propósitos (*S* 32), con el fin de sentirse Señor y sostenido por sí mismo (*S* 14; 17). En parte alcanzó su objetivo, cuando otros Ainur lo siguieron más a él que a Ilúvatar. Melkor cayó por no concordar su creatividad con los temas propuestos, por tratar de «acrecentar el poder y la gloria de la parte que le había sido asignada». Melkor, aquel a quien habían sido dados «los más grandes dones de poder y conocimiento» (*S* 14).[51]

Sauron cayó después, impresionado por su fuerza y majestad (*C* 153). Por lo tanto, el Mal muestra dos grandes caras en la Tierra Media: Morgoth y Sauron, ambos vueltos vulnerables en su afán de dominio, aunque por vías distintas. Mientras que el primero quiere sostenerse solo hasta quedarse sin sustento bajo sus pies, la ambición del segundo es espiritual, y hacer de todo no la Noche, sino Mordor.

[51] En palabras de Tolkien sobre la discordia en el *Ainulindalë*: «En este mito la rebelión de la voluntad creada libre precede a la creación del Mundo (Eä); y Eä contenía en sí, subcreadamente introducidos, el mal, la rebelión, elementos discordantes pertenecientes a su propia naturaleza ya cuando se dijo *Sea*» (*C* 212).

Morgoth, por lo tanto, al querer actuar mediante agentes capaces de valerse por sí mismos, hubo de generar mal independiente de sí, fuera de su control, por lo que perdió parte de su poder. Ello causó su dispersión, alcanzando los elementos físicos de los que está compuesto el mundo: de ahí el Anillo de Morgoth, equivalente al Círculo de la Tierra Media que encierra la centralidad del mal. Y de ahí la eterna raíz que mantiene en interminable guerra al ser humano y al mundo.

En consecuencia, la naturaleza y lo que en ella se sustenta están condenados a enfermar y corromperse. De ello deriva el gran pesar de los Elfos, cuya naturaleza es estar ligados al mundo mientras dure y por cuyo devenir sufren. Tal como Caldecott (2013: 82) apunta acertadamente, su cansancio «no es tanto debido a la longevidad como a la 'tendencia hacia Melkor' inherente en la materia terrenal, incluso en la materia de sus cuerpos mientras están en la Tierra Media».

Sin embargo, queda claro que Ilúvatar está por encima del Drama de la Creación, lo que hace indicar a Tolkien que: «En mi historia no trato del Mal Absoluto. No creo que exista tal cosa, pues eso es el Cero. No creo, de cualquier manera, que ningún 'ser racional' sea enteramente malo. Satán cayó. En mi mito, Morgoth cayó antes de la Creación del mundo físico» (*C* 183).

Túrin Turambar

Tras haber explorado las implicaciones de la discordia de Melkor, es momento de poner la atención en la historia de Túrin Turambar, para ver cómo el ingrediente maligno en el mundo se vuelve tendencia hacia la destrucción. No en vano, tal como Fisher (2010: 8) destacó, en las etimologías publicadas en *El Camino Perdido* (430), tanto *tierra* como *destino* son en quenya *ambar*; sus respectivas raíces, √MBAR y √MBARAT son de origen común.

La historia de Túrin se halla, además de en *El Silmarillion*, en la edición de Christopher Tolkien de *Los hijos de Húrin* (2007), a partir de las revisiones de su padre tras la finalización de *El Señor de los Anillos*, que hacen de la narración obra que se sostiene a sí misma, a la vez que clave dentro del *legendarium*. En dicha narración, se sitúa el contexto producido tras la huida de Melkor de su detención en Aman, una vez asentado en su fortaleza llamada Angband en el noroeste de la Tierra Media, y comienza su misión de conquista de toda ella.

En la quinta y crucial batalla de las Guerras de Beleriand, la Dagor Nírnaeth Arnoediad, Húrin, de la Casa de Hador, hermano de Huor y padre de Túrin, fue atrapado y llevado vivo a Angband. Morgoth trató, por tormento y tentación, que Húrin le informara de dónde se encontraba el oculto reino de Gondolin, pero este lo desafió. En consecuencia, Morgoth lo maldijo a él y a toda su familia, y lo condenó a los picos de Thangorodrim, desde los cuales podía ver todos los males que sus allegados sufrían, pero siempre desde la torcida mirada que Morgoth le imponía (*HH* 18-19).

Por lo tanto, *Los hijos de Húrin* narra, en torno a la persona de Túrin, la desdichada vida de este y su hermana Niënor Níniel, quienes llegarían a casarse, concebir un hijo y suicidarse tras el descubrimiento de su relación incestuosa. Lo que interesa de la vida de Túrin, por lo tanto, es su Destino, en tanto que sobre él pesa la voluntad de Morgoth (*HH* 16-17; Fornet-Ponse 2006: 191). Teniendo en cuenta que era el más poderoso de los Ainur, el destino de la Creación se ve envuelto bajo su manto, tal como Christopher Tolkien expone:

> La maldición de este ser, que puede afirmar que «la sombra de mi propósito se extiende sobre Arda [la Tierra], y todo lo que hay en ella cede lenta e inexorablemente ante mi voluntad», es distinta de las maldiciones o imprecaciones de los seres mucho menos poderosos. Morgoth no está «invocando» el mal o la calamidad sobre Húrin y sus hijos, no está «clamando» a un poder superior como agente, sino que él, «Amo de los destinos de Arda», como se llama a sí mismo ante Húrin, pretende provocar la ruina de su enemigo mediante la fuerza de su gigantesca voluntad. De este modo, «diseña» el futuro de aquellos a quienes odia, y así le dice a Húrin: «Pero sobre todos los que tú ames *mi pensamiento* pesará como *una nube fatídica*, envolviéndolos en oscuridad y desesperanza» (*HH* 17-18).

En el relato, dice Christopher Tolkien (*HH* 18), la maldición de Morgoth parece ser un poder desencadenado para hacer el mal, buscando y encontrando a sus víctimas allá donde estén. Con lo expuesto, se ve clara la oscuridad del destino: se trata de las hebras que el Mal, expresamente, teje en contra de sus objetivos, desde la naturaleza misma del mundo. Al llegar a erigirse como Príncipe del Mundo, la más allegada de las criaturas pasa a ser el principal agente de frustración de la Creación, hasta el punto de llegar a contaminarla en su ser.

Es decir, la Historia, el Tiempo, sufre el peso de la hostil voluntad de la mayor fuerza intrínseca que lo subcrea. De ahí que Morgoth, ante el creciente poder de Túrin, quien creía por encima de todo en su propia voluntad y capacidad de librarse del peso de aquel (Wood, en Kerry 2013: 145-51), llegara a tener miedo de que pudiera en verdad ser señor de su destino por encima de su vil voluntad, y así liberarse del destino que había diseñado para él (*HH* 147).[52] Interesante es también que Túrin, tras su constante cambio de nombre, se enfadara con Gwindor cuando este reveló su último apelativo, y que este le espetara que el destino pesaba sobre él, no sobre su nombre. Finalmente, llegaría a ser *Túrin Turambar turún' ambartanen*: «Amo del Destino por el Destino dominado» (*HH* 213; *S* 252).[53]

Christopher Tolkien (*HH* 19) dice que tal es la centralidad del tema que Tolkien llegó a proponer un título alternativo a la narración, *La historia de la maldición de Morgoth*, y que tal perspectiva se aprecia en las palabras del final: «Así concluyó la historia de Túrin el desdichado; la peor de las obras de Morgoth entre los Hombres en el mundo antiguo» (*HH* 19). Por lo tanto, a Tolkien le preocupaba desde el principio el tema del (in)mortal artista subcreador y la muerte como don en el contexto de un mundo dominado, sitiado, por el mal –con presencia física encarnada y contaminación que deja en toda materia, a pesar de su expulsión–, hasta el punto que, tras *El Señor de los Anillos*, la historia de *Los hijos de Húrin*, una de aquellas que comenzara a escribir tras su vuelta de la Gran Guerra, llega a ser la más elaborada y completa de su *legendarium*.

[52] Al decir a Níniel que *Turambar* significa «Amo de la Sombra Oscura» (*HH* 191), Túrin equipara *Doom* a la Sombra de Morgoth, y hace eco del miedo de este a que en verdad aquel se le sobreponga.

[53] Túrin cambia su nombre varias veces, pero, tal como le dice Gwindor: «Tu destino está en ti mismo, no en tu nombre» (*HH* 147; *S* 238).

Escenario moderno

Tal como hemos apuntado, mediante el último momento de Aragorn y Arwen –relegado a un apéndice, fuera del cuento de hadas hobbítico, elevando la narración a mito–, se hacen patentes los temas que hemos de estudiar más allá de la expuesta geografía (meta)física circular: el heroísmo santificado en tiempos previos a la Revelación, la superación de la sombra de la muerte, y el desdoble de lo humano y artístico en lo élfico.

Todo ello forma la base para explorar la obra tolkieniana –tanto académica como de ficción– en su verdad mítica, desde la centralidad del mal hasta la acción de la gracia, para llegar a aclarar qué es lo que se erige mediante la muerte como don: una filosofía en la que se restituye el antiguo espíritu del Norte elevado en virtud con el cristianismo y que tiene como primera premisa la constante presencia de la Belleza a pesar de la Oscuridad, la cual da paso a la comprensión del ser humano como ser radicalmente estético y subcreador.

En la restante investigación, por lo tanto, se estudiarán el desarrollo y despliegue del pensamiento de Tolkien a través de sus tres mayores escritos académicos –*Beowulf: los monstruos y los críticos* (1936), *Sobre los cuentos de hadas* (1939) y *El regreso de Beorhtnoth* (1953)– junto al *legendarium* de la Tierra Media, y se expondrá el alcance de la verdad de la muerte como don. Para ello, tras las siguientes notas, en los próximos capítulos analizaremos los textos y su relación con el fondo de la Tierra Media de Tolkien, de modo que pueda ofrecerse una visión de conjunto y despliegue del pensamiento del artista.

Tolkien había defendido en *Sobre los cuentos de hadas* el valor del mito y del cuento fantástico, de una elevación de la literatura, sobre todo ante la excesiva experimentación y fijación por los detalles negativos de la modernidad, que no son capaces de ofrecer la visión prístina de la realidad que el arte está llamado a otorgar (Dobie 2024; Nicolay 2014). Por ello, Simonson (2012: 209-14) expuso cómo, a diferencia de otros autores –tales como T. S. Eliot, quien también era consciente de la imposibilidad de presentar explícitamente el cristianismo en sus escritos a causa de la muy posible enemistad e ignorancia por parte del lector–, Tolkien no optó por la relaboración de antiguo material, poniendo en contraposición lo viejo y lo nuevo, sino que encontró el modo de presentar en fusión coherente diversos estilos y géneros, ligados a la tradición del Norte de Europa (Thomas Smith 2006).

En su *legendarium*, al igual que en *Beowulf: los monstruos y los críticos*, Tolkien se preocupó por presentar lo más bello del ideal heroico germano, y se dolió mucho cuando el nazismo hizo lo contrario. En una carta a su hijo Michael en junio de 1941, Tolkien señaló:

> He pasado la mayor parte de mi vida, desde que tenía tu edad, estudiando asuntos germánicos (en el sentido general, que incluye Inglaterra y Escandinavia). Hay mucha más fuerza (y verdad) en el ideal «germánico» que lo que la gente ignorante imagina. Me sentí muy atraído por él cuando estudiante (cuando Hitler, supongo, hacía ensayos con la pintura y no había oído nada de él), como reacción en contra de los «clásicos» [...] Arruina, pervierte, aplica erradamente y vuelve por siempre maldecible ese noble espíritu nórdico, suprema contribución a Europa, que siempre amé e intenté presentar en su verdadera luz. Entre paréntesis, nunca fue más noble que en Inglaterra, ni más tempranamente santificado y cristianizado (*C* 45).

Es decir, desde sus años de estudiante, Tolkien había tenido como premisa ese espíritu del pasado germano pagano ligado al guerrero y héroe, en su mayor plenitud y nobleza, y después realzado con el cristianismo. Por lo tanto, una vez terminada la Segunda Guerra Mundial y finalizada la escritura de *El Señor de los Anillos*, esta obra aparece como la recuperación de ese espíritu del Norte (Shippey 2007: 201), y su aplicabilidad, su lectura para iluminar los acontecimientos de la primera mitad del siglo pasado, sirve para buscar el equilibrio entre lo pagano, lo cristiano y lo moderno.

Es decir, Tolkien presenta un modelo de héroe capaz de luchar hasta el final contra un enemigo que vence incluso en la derrota y abierto a la misericordia y esperanza salvíficas. Con ello cumple su deseo de superar la desesperación y apatía tanto en la vida como en el arte, a la vez que de mostrar que la modernidad no es escenario en el que fragmentos de un pasado roto se unen sin dirección, sino el lugar para encontrar la armonía de la continuidad que siempre se ha dado en la historia (Simonson 2022: 219-28). Así, del diálogo entre lo pagano y lo cristiano, surge una forma humana para los tiempos venideros.

VII.

Nobleza pagana

Existen varios paralelismos entre el autor de *Beowulf* tal como lo entendió Tolkien y él mismo.[54] En primer lugar, ambos eran poetas, estudiosos, cristianos y piadosos en cuanto al pasado. En segundo lugar, ambos emplearon materiales antiguos –como si de «cuentos perdidos» se tratara– junto a una nueva imaginación ligada al Norte y Faërie, otorgando gran profundidad a aquello que presentan como verdad y medida de lo anterior, mediante lenguaje de profunda sensibilidad y poesía. En tercer lugar, el núcleo de sentido en sus obras es cristiano, aunque sus mundos secundarios se sitúen en el pasado noble y pagano.

Ahora bien, la gran diferencia –que a su vez une a ambos poetas como dos eslabones diferentes pero abrazados– es que mientras que el autor de *Beowulf* trabajó concretamente con el marco de sentido veterotestamentario, Tolkien lo hizo con el neotestamentario: en la Tierra Media de Tolkien puede oírse el eco de la esperanza, aunque no haya habido ni siquiera Revelación (Spirito 2011; Urang 1979). Y esta gran diferencia, como natural respuesta por parte de Tolkien a la propuesta de tradición que ofrece el poeta de *Beowulf*, será la que lleve a estudiar el Mal como devorador de almas, la actuación de la Gracia y, en último término, la eucatástrofe.

[54] Sobre la convicción de Tolkien de pertenecer al mismo sustrato geográfico y lingüístico que el poeta de *Beowulf*, y así ser privilegiado –o más bien legítimo– para entender su mente, véase Shippey (2007: 5; 7; 198).

Solo se conoce una única versión del manuscrito del poema, guardado en la British Library de Londres: el *Cotton Vitellius A* XV. Escrito por dos manos distintas alrededor de las primeras décadas del siglo XI, aunque compuesto en la edad de Beda –finales del siglo VII-comienzos del siglo VIII–, tal como se acepta entre la mayoría de los académicos, el texto muestra el dialecto «clásico» en los siglos X-XI, el sajón occidental, variante imperante en la escritura de la época. De no haber sobrevivido tal manuscrito, nada se sabría de una obra tan particular, la más larga en lengua germana, pues no se conoce referencia ninguna a ella.

Su narrativa se centra no en Inglaterra sino en el continente, en torno a un héroe que, desde juventud a vejez, debe enfrentar a varios monstruos que amenazan al ser humano. En equilibrio entre el cristianismo de su tiempo y el pasado pagano de sus antecesores, el poeta logra interpretar el heroísmo del Norte, gracias a una imaginación renovadora que hace coherente la irrupción de fantasía en lo cotidiano y que permite vehicular verdad sobre el ser humano en la tierra.

Los 3.182 versos que componen el poema,[55] por lo tanto, cuentan cómo Hrothgar, rey de los daneses, no puede gozar de su magnífico salón debido a los nocturnos ataques de una criatura llamada Grendel. Beowulf, sobrino de Hygelac, rey de los gautas, responde a la llamada de auxilio y acaba tanto con el monstruo como con su madre. Agradecido con la recompensa, regresa a su tierra, donde llega a regir durante años. En edad adulta, decide atacar a un dragón que asola a su gente, y aunque logra matarlo, es herido de muerte. El poema concluye con su funeral.

Para seguir profundizando en la exploración de la base temática que *Beowulf* y la Tierra Media de Tolkien comparten, comenzaremos por estudiar el ensayo que Tolkien dedicara al poema anglosajón.[56]

[55] El poema, según las ediciones tradicionales, consta de 3.182 versos; no obstante, Kiernan (2015), en su más reciente edición online, ofrece la alternativa de un cómputo de 3.184 versos.

[56] Seguimos la traducción de Lerate y Lerate (2012) de *Beowulf*, así como de *La batalla de Maldon*.

Enemigos de Dios

Las historias de deslealtades, venganzas o hazañas humanas concernientes a temas pasionales o sociopolíticos no están hechas para dar luz que alumbre la condición humana si no beben del mito, pues no dejarían de ser la recreación de acontecimientos ordinarios sin capacidad para ofrecer un nuevo ángulo de visión a la humanidad. Sin el arte del poeta no tienen nada de especial, relato de sombra humana como son. En palabras de Tolkien: «No existe una especial magia inherente a los relatos trágico-heroicos, no al menos independientemente de los méritos del tratamiento individual [...] Hay en cualquier caso muchos héroes, pero muy pocos dragones» (*BMC* 27).

Cuando el autor de *Beowulf* empleó una figura única, el dragón del Norte, solo concebido por la imaginación bajo cielo y sobre tierra con el Atlántico como Oeste, el poeta unió la existencia humana con la hondura de la realidad, y ofreció una interpretación única de la primera: «Irrumpiendo en una época rica en leyendas de hombres heroicos, las ha empleado de una forma original, dándonos no solo una más, sino una leyenda que constituye una medida e interpretación de todas ellas» (*BMC* 27). Pues, tal como dijo Helms (1981), sin una adecuada aprehensión imaginativa del mal, no somos capaces de comprender la experiencia del sacrifico, la fidelidad o la verdad.

De modo que, según Tolkien, los monstruos del poema *Beowulf* no son capricho de ninguna primitiva fantasía, tal como criticaron en su día algunos académicos, sino los elementos esenciales que otorgan al poema su elevado tono y seriedad. Para Tolkien lo importante era cómo la imaginación del artista fusionó a dichos monstruos, hijos de la oscuridad, con Caín. Es decir, cómo al contacto con las Escrituras, lo antiguo pagano y lo nuevo cristiano se unió (*BMC* 29-31; *vid.* Donahue 1965) para hacer que los enemigos de la humanidad fueran por ello los enemigos de Dios.[57]

Tolkien marca así lo esencial del poema, aunque no emplee las siguientes palabras: la lucha contra la estirpe de Fafner como lucha contra el poder enemigo de Dios. Es decir, reconocer la importancia

[57] Véanse los vv. 1263b-1266; 786b-788a; 811b; 1682b; 1691b-1692a. Nótese que los «enemigos de Dios» son también los «odiados de Dios» (Rm 1,30).

de los monstruos como habitantes del infierno es, según Tolkien, la clave mediante la que el poeta logra, con Beowulf, elevar la virtud de los antiguos héroes. Porque *Beowulf* es un poema dedicado por entero al tema de la «indomabilidad y a esa paradoja de no reconocer la derrota inevitable [...] y que ha llevado la lucha a un plano diferente, de modo que podemos ver al hombre en guerra con el mundo hostil, y su inevitable derrota en el Tiempo» (*BMC* 28), pero con nuevo sentido, cristiano, como trasfondo.

En el antiguo mundo de *Beowulf*, la Oscuridad acecha constantemente, el ser humano está sitiado por criaturas malignas; la misma situación ocurre en el *legendarium* de Tolkien por la obra de Morgoth. Pero el poema indica que el ser humano ahora sabe que tales monstruos provienen del infierno, y que son enemigas de Dios. Son la progenie que se alzan en contra del designio divino; al igual que en el *legendarium*. ¿Pero qué se espera de Dios? Es ahí donde el coraje del Norte se muestra como el espíritu que permea toda la obra de *Beowulf* y todo un pasado, porque el héroe no espera ni el Cielo ni la Redención, sino que se preocupa por su túmulo y sus cantos de alabanza. Al decir de Tolkien:

> Se trata de un poema heroico-elegíaco; y en cierto sentido, sus primeros 3.136 versos son el preludio de un epitafio: *him þa gegiredan Geata leode ad ofer eorðan unwaclicne* [los gautas entonces allá le erigieron una magnífica pira sobre el suelo]: uno de los más conmovedores que jamás se hayan escrito (*BMC* 44).

¿Qué es, por lo tanto, lo que el poeta de *Beowulf* hace? Entre el antiguo paganismo politeísta ya extinto –aunque no olvidado– y la presente religión cristiana, ensaya la percepción del mundo y el sentir existencial del Norte que conoce el viejo monoteísmo y para el que la existencia es un continuo desafío. Es decir, el poeta trata sobre el momento de creencia en un Juez que rige, pero que no salva (vv. 440b-441), en el mundo del Norte, cercado por las criaturas del mal (*vid.* Helms 1974: 14-15). De ahí que el marco cristiano empleado por el poeta sea estrictamente veterotestamentario.

Acorde a Tolkien, *Beowulf* muestra un momento en el que el ser humano se sostiene *solo* con su coraje y valor sin ninguna esperanza de vencer, o da la espalda a Dios y se decanta por la vuelta a la idolatría, a esa actividad pagana que no ha olvidado los nombres de los viejos dioses. ¿Pero cuál podría ser la razón, el detonante, de tal ensayo? La respuesta puede leerse en estas líneas de Tolkien (*BMC* 33; *vid.* Guardini 1954: 72): «Un cristiano era (y es) todavía como sus antepasados, un mortal cercado en un mundo hostil».

Antiguo temple

Aunque se sepa que Dios es el regente de la Creación –y se haya olvidado a los dioses o se admita su subordinación–, incluso sabiendo de la Redención, el mundo no deja de ser oscuro. El mal sigue actuando, y la victoria dentro del Tiempo es suya. El ser humano queda solo en su aislamiento. Pero en ese momento, algo consuela su coraje: «El hombre, un extraño en un mundo hostil, envuelto en una lucha que no puede ganar mientras el mundo exista, recibe la certeza de que sus enemigos lo son también de Dryhten; de que su valentía, noble en sí misma, es a la vez la más elevada lealtad» (*BMC* 38). Esa es la premisa clave que Tolkien ofrece sobre su interpretación de *Beowulf*, fundamental para empezar a comprender la relación de su *legendarium* con tal obra, la nobleza pagana, la eucatástrofe y la muerte como don.

Es decir, Tolkien dice del poeta de *Beowulf* que encontró el modo de elevar el espíritu del coraje del Norte cuando su imaginación, en su capacidad de ver lo antiguo y lo nuevo a la vez, hace de la indomable lucha hasta el desastroso final la lealtad al bando del bien, al bando de Dios. Con la comprensión de que el mundo no se rige por capricho y arrebato de los dioses, y que lo fatal proviene del Mal errando según el Designio, se resiste y combate, aunque la victoria temporal no sea suya. Es en ese escenario en el que, aunque la suerte final esté echada, aunque la muerte logre su asegurada victoria, no desesperar y luchar por defender lo bueno encuentra un punto de elevación. Seguir hasta el final mientras se pueda a favor de lo bueno tiene valor en sí mismo, y no se deja de hacer por mucho que la derrota advenga. Sin embargo, con el cristianismo, aunque la Oscuridad llegue a triunfar y mientras haya de sufrirse:

> La visión de la guerra cambia [...] La tragedia de la gran derrota temporal persiste por un momento, punzante, pero finalmente deja de ser importante. No es derrota, puesto que el fin del mundo es

> parte del plan de Metod, el Árbitro que está por encima del mundo mortal. Más allá se atisba una posibilidad de victoria eterna (o eterna derrota), y la batalla real se plantea entre el alma y sus adversarios (*BMC* 33).

Pero esa no es la situación que *Beowulf* plantea, tal como explica Tolkien: ni los monstruos se vencen con la pureza del alma, ni el Cielo espera abierto a los guerreros que lo han dado todo con su coraje. Por lo tanto, siguiendo a Tolkien, parece que el poeta, mirando hacia atrás, encuentra en el heroísmo y pena algo permanente y simbólico (*BMC* 38), y que en el intento de retratarlo en su época precristiana, enfatizar su nobleza y presentar una verdad previa a la Revelación en el Norte, el Antiguo Testamento –y no el Nuevo– era el marco de referencia necesario de la nueva fe (vv. 86-98).

De ahí que en el Heorot –representante de la Dinamarca y Suecia aún paganas en tiempos del poeta– se encuentren los nobles servidores de Dios, que atribuyen a su voluntad todos sus bienes, pero sin estar libres de caer en la idolatría, al igual que los antiguos israelitas (*BMC* 39). Por esa razón, en *Beowulf* hay constancia del infierno,[58] pero no del cielo como su opuesto, aunque fuese escrito en época en la que la palabra *heofon* se empleaba ya como equivalente del *cælum* de las Escrituras; de hecho, las únicas referencias bien definidas a estas son aquellas de Abel (v. 108b) y Caín (vv. 107a; 109; 1261b; 1263b), cuando el poeta interviene como comentarista (*BMC* 61).

En consecuencia, Beowulf se mueve en una edad heroica del Norte imaginada por un cristiano; edad pagana, pero de talante noble y gentil. Se trata, por lo tanto, de un tiempo de paganismo, nobleza y desesperanza, sobre la idea, con la que el poeta permea toda la obra, de que, en tiempos antiguos, cuando la humanidad no era engañada por el diablo, se conocía al único Dios y Creador (vv. 700b-02a; 2858-59), aunque no el cielo, por la distancia del pecado (*BMC* 62).

Beowulf, por lo tanto, plantea la situación en la que desde la certeza de la Redención se piensa en los antepasados que no la conocían pero que no por ello dejaron de obrar en favor del bien. Al saber que el cielo está prometido, aunque no por ello se esté exento de combatir

[58] Beowulf tiene en claro que Unferd, por haber matado a sus hermanos, a pesar de su inteligencia y fuerza, acabará en el infierno (vv. 588b-89), al igual que los espíritus que animan a los monstruos.

el mal en la vida, con todas las ocasiones que ofrece para caer, la nobleza inquebrantable del pasado aparece claramente como espíritu de mucho más valor que el actual. Por lo tanto, aunque la alabanza y fama que Beowulf buscara sigue siendo *lof* pagano, sea cual sea el punto de vista teológico del *dom* y juicio al que su alma habría de someterse (*BMC* 53-54), su temple y valor se muestran a ojos piadosos no solo como algo admirable que no ha de olvidarse, sino como el espíritu que debe estar, ahora santificado, siempre presente.

Es decir, el poeta de *Beowulf* muestra una recreación, desde la poesía heroica, de la nobleza de un pasado en el que no había esperanza. Se trata de una elevación del mundo anterior, porque se hace desde la base de la nueva fe, con corazón que admira y recoge para bien lo mejor de antaño. Si con la certeza del cielo se puede caer en el mal, mantenerse en el bien sin tal promesa tiene mayor valor que el que se pueda tener ahora. Eso es el respeto por el pasado y la tradición, atisbar y recoger la luz más pura –la dignidad que no se doblega ante la inevitable derrota– que entre tanta oscuridad y dificultad llegó a prender.

De modo que al presentar la nobleza en tiempos paganos y sin esperanza, en constante guerra con un mundo enemigo, ¿en qué piensa el poeta de *Beowulf* desde esa nueva perspectiva, según Tolkien? En la gran constante de todo tiempo y lugar: en el *ser humano sobre la tierra*, llamado a perecer, junto a todas sus obras (Sarti 1984: 80). En ese momento en el que puede mirar a un pasado antiguo, pero aún no muy lejano, desde la seguridad de su conocimiento y fe, pretende ofrecer la medida de todo él, y rescata, ennoblecido, antes de caer para siempre en el olvido, su espíritu más noble. Al decir de Tolkien:

> Beowulf no es, por tanto, el héroe de una balada heroica, precisamente. No tiene lealtades enfrentadas, ni un amor desventurado. *Es un hombre, y eso para él y para muchos otros es suficiente tragedia.* No se trata de un accidente irritante el que el tono del poema sea tan elevado y su tema algo tan pegado a la tierra. Es el tema en su seriedad suprema lo que engendra la dignidad del tono: *lif is læne: eal scæceð leoht and lif somod* [la vida se desvanece: todo pasa, la luz y la vida a una] (*BMC* 29).

Orgullo pagano

En el poema, dos figuras son puestas frente a frente sobre la base de la nobleza: el regio Hrothgar en su vejez y el joven Beowulf en su vigor. Del primero se dice que es rey sensato y dadivoso, y del segundo, a pesar de la osadía que ostenta debido a su fuerza, que tiene temple de sereno rey. La relación entre ambos personajes queda patente cuando, tras volver Beowulf victorioso de su lucha con la madre del ogro Grendel, Hrothgar le ofrece estas palabras:

> ¡Tú no yerres en esto, oh querido Beowulf,
> excelente guerrero! ¡Elige lo bueno, el eterno provecho ¡Evita el orgullo,
> oh famoso varón! Algún tiempo tu fuerza
> tendrás todavía, mas luego de ella
> te habrán de privar la dolencia o la espada,
> el abrazo del fuego o la furia del mar,
> el golpe del hierro o la lanza que vuela
> o la odiosa vejez que del ojo la luz
> debilita y apaga: entonces de pronto,
> oh noble señor, te hundirás en la muerte (vv. 1758-68).

Es decir, el viejo Hrothgar encomienda a Beowulf a lo puro e imperecedero, y le apremia a que no se decante por el camino del orgullo –ligado a la codicia y apego por este mundo–, para después recordarle que por fuerte que sean su pecho y brazos, la muerte lo vencerá por uno u otro camino. La nobleza, por lo tanto, merece la pena por ella misma, aunque no haya atisbo de ninguna recompensa, sino el buen recuerdo de los que quedan.

Sin embargo, siendo viejo y rey, Beowulf tiene la osadía de querer enfrentarse solo al dragón, al igual que en juventud hiciera contra Grendel. Más allá de también enfrentarse solo al dragón Glaurung, Túrin guarda gran parecido con Beowulf. Ve apresurarse los pasos del destino tras él (*HH* 220; *S* 253; *vid.* Croft 2011), destino envilecido por la voluntad de Melkor, al que a falta de apoyo divino se enfrenta solo, desde sí, sin dejar lugar para otra intermediación que no sea la que él conciba.

Pues Túrin es capaz de escuchar el consejo de los demás, pero sus decisiones siempre surgen de sí mismo, haciendo su palabra arrogante y su ánimo fiero. De ahí la confianza en su fuerza y coraje, que nunca le permiten desandar su camino, sino avanzar siempre más, tal como le expresó a Beleg: «No, no retrocederé en la vida» (*HH* 103). Túrin y Beowulf, por lo tanto, guardan en común el peso del paso del tiempo, una gran hostilidad en su contra y su inquebrantable lucha. Y algo más: son hombres conscientes de la maravilla que se muestra en la realidad, y son capaces de encontrar algo trascendente por encima de las hebras hostiles (*CI* 39; Irigaray 1999: 161).

¿Pero qué puede saberse de más allá de los Círculos del Mundo y no caer ante la soberbia o las tentaciones del mundo? De más allá del Mar incluso los oyentes de *Beowulf* tenían recuerdo. ¿Pero y más allá de la tierra bendita por la presencia de los dioses que en ella moran? Para ello es necesario pulir el corazón, tal como Húrin deja entrever en el siguiente diálogo con Morgoth:

> —Esto es entonces lo último que te diré, esclavo Morgoth —dijo Húrin—, y no proviene de la ciencia de los Eldar, sino que me lo dicta mi corazón en este momento. Tú no eres el Señor de los Hombres, y nunca lo serás, aunque toda Arda y el Menel caigan bajo tu dominio. Más allá de los Círculos del Mundo no puedes perseguir a los que te rechazan.
>
> —Más allá de los Círculos del Mundo no los perseguiré —contestó Morgoth—. Porque más allá de los Círculos del Mundo está la Nada. Pero hasta que entren en la Nada, dentro de ellos no se me escaparán (*HH* 58).

Peligro de la escucha

Tras haber estudiado el poema *Beowulf* mediante el ensayo que Tolkien le dedicara, terminaremos este capítulo con el análisis de *La batalla de Maldon* a partir del ensayo-poema que Tolkien escribiera. Tal como veremos, Tolkien dejó argumentada en 1936 la postura que plantearía de forma literaria en 1953: hay algo excesivamente desesperado y orgulloso en el espíritu inglés que reafirma la voluntad solamente en sí mismo.

La batalla de Maldon pertenece al manuscrito *Cotton Otho A* XII, notablemente dañado en el incendio de 1731 –el mismo que dañó al *Beowulf*– y reducido a 325 versos, sin título, comienzo ni final, en los que el poeta dice que un contingente de guerreros ingleses comandados por Beorhtnoth marcha a confrontar a una fuerza de vikingos,[59] quienes, tras embarcar en Kent y arrasar Ipswich, se habían establecido cerca de Maldon, en la isla Northey, allende el río Blackwater –Panta–, en Essex.

Los ingleses acuden preparados para la batalla, dado que un consejo de guerra había fijado la posición previamente (vv. 198-201), pero se sitúan a distancia del enemigo, pues el río, en crecida por la marea, los impide encontrarse cuerpo a cuerpo (vv. 62-71). Los vikingos proponen tributar: comprar con oro paz y seguridad, pero la propuesta es rechazada (vv. 25-61). No obstante, cuando el río baja su cauce, los vikingos, que solo pueden atacar a través de un estrecho paso fácil de contener, hacen una segunda propuesta: piden a Beorhtnoth que les permita cruzar, para poder luchar en igualdad de condiciones (vv. 84-88). Esta propuesta sí es aceptada (vv. 89-90), y acarrea la derrota de los ingleses.

Hasta que Tolkien publicara *El regreso de Beorhtnoth* en 1953,[60] *La batalla de Maldon*, poema anglosajón posterior a *Beowulf*, no había recibido tanta atención en relación con el orgullo pagano que Tolkien delatara en los vv. 89-90 (*cfr.* Cavill 1995). Su traducción y significado no habían preocupado tanto. Pero Tolkien centró su interpretación del poema en ellos, y argumentó que el autor reprocha a Beorhtnoth su soberbio orgullo.

Ahora bien, para comprender la interpretación de Tolkien, es necesario atender a los componentes del poema que exponen el contexto del heroísmo que en él se encuentra, a partir de la primera petición de los extraños (vv. 25-29) a Beorhtnoth. Un clamante mensajero, heraldo de los marinos, apareció de entre ellos, al borde del agua. Los componentes míticos son fuertes: surge de entre la turba, queda limitado por una frontera acuática y no puede pasar sino por invitación de Beorhtnoth.[61]

---

[59] *Dene* (v. 129) –literalmente, daneses–, que refiere indiscriminadamente a todos los escandinavos, y que hubieron de ser noruegos. A su vez, Beorhtnoth es llamado *eorl*, confirmado históricamente como *ealdorman* de Essex y defensor de los monjes y, en especial, de la abadía de Ely. La batalla se dio en 991.

[60] Véanse Kocher (1973: 186-95) y Ferré (2008).

[61] En el *legendarium* de Tolkien también se encuentra este conjunto de motivos, que llevan a fatal término: el paso de Sauron a Númenor (*S* 324).

Beorhtnoth, por lo tanto, tenía el campo asegurado, y le bastaba con mantenerse firme para tener a los extraños a raya, dado que dos de sus recios guerreros guardaban el paso (vv. 74-88). No obstante, la segunda petición de los extranjeros es aceptada –los guardias son retirados y se cede tierra al enemigo–, y da paso a un heroísmo anacrónico, según Tolkien; pagano y pecaminoso en tiempos cristianos (*cfr.* Bruce 2007). Es ahí donde se inserta la importancia de los vv. 89-90: «*Ða se eorl ongan for his ofermode / alyfan landes to fela laþere ðeode*».

Honegger (2007b: 192) resaltó cómo la traducción de Tolkien de dichos versos es especial por agregar algo que el texto original no contiene, y que se enfatiza a continuación: «Entonces el noble por su orgullo excesivo cedió terreno al enemigo *como no debió haberlo hecho*» (*RB* 52). La interpretación de Tolkien es que ese es el comentario presente e inédito en el metro del poema.

Nosotros consideramos que existe un importante fundamento para la interpretación de Tolkien en el v. 86, donde los estudiosos no hallan a qué refiere el poeta con el engaño de los vikingos, porque no hay referente para el acto de escuchar: *ongunnon lytegian.* Sin embargo, a la luz del tradicional significado de «prestar oídos», el engaño consumado aparece en el hecho de haber cedido a escuchar. La caída no está tanto en el contenido del mensaje, sino en prestarse al mensaje.[62] En el *legendarium* de Tolkien así le ocurre a Théoden con Lengua de Serpiente, y hunde a Rohan en el miedo.

Excesiva gallardía

De modo que, para Tolkien, de mantenerse firme, en el puesto, el peligro queda alejado. Este se desborda cuando se accede a meter el mal en tierra de uno, o cuando uno se adentra en tierra del malvado. Precisamente, al darles tierra, Beorhtnoth ya les ha pagado el tributo en cuestión. Por esa razón, más allá de la lengua en que hablaran, el ímpetu y gestos, el hecho de que Beorhtnoth se entendiera con el vikingo es significativo (Nelson 2008; Shippey 1985: 228-30): se había rebajado a su plano, había cierta sintonía entre ambos. La pecaminosa proposición es aceptada, y un oscuro hado se descubre.

[62] Tal como se indica, por ejemplo, en la *Carta a los Efesios* (4, 27).

En ese sentido el orgullo de Beorhtnoth es diabólico. Responde desde sí, hasta el punto en el que pone en juego su vida y la de sus compañeros sin necesidad. En consecuencia, para los que comparten la bravura de su señor, lo que resta es luchar. Así, cuando Torhthelm se sorprende de que los vikingos pudieran cruzar el estrecho, de boca de Tídwald, Tolkien dirá explícitamente:

> No, y eso aún da más pena.
> Parece, amigo mío, que fue culpa de nuestro señor,
> o así se murmuraba en Maldon esta mañana.
> ¡Demasiada presunción y pundonor propio de príncipes!
> Vencido por su vanidad, pasado su poderío, su valor alabamos.
> Era tan pasional que les permitió cruzar el paso,
> dando así a los cantores buen tema para poderosos cantos.
> Noble sin necesidad. Nunca debería haberlo sido:
> pidió que se parasen los arcos, permitió el paso,
> y a muchos con muy pocos se enfrentó a mandobles
> desesperados. Retó al destino y murió por ello (*RB* 37).

Tal como directamente expresa Tolkien en su comentario, para Beorhtnoth era suficientemente heroico destruir o contener –hasta la propia aniquilación, si fuera necesario– a la horda de enemigos que amenazaba el reino de Æthelred. Estaba totalmente de más hacer de aquello una situación desesperada, y Tolkien es contundente en el porqué:

> Sin duda debido a un defecto de su carácter; pero carácter, suponemos, moldeado por la «tradición aristocrática» alabada en cuentos y versos de poetas, ahora perdidos salvo lo que resuena en ciertos ecos. Más que estrictamente heroico, Beorhtnoth era caballeresco. El honor era un motivo en sí mismo, y buscaba alcanzarlo incluso a riesgo de poner a todos sus hombres más queridos, su *heorðwerod*, en una situación verdaderamente heroica de la que solo podrían redimirse con la muerte. Magnífico, quizás, pero del todo erróneo. Demasiado estúpido para ser heroico. Y, en cualquier caso, la estupidez de Beorhtnoth no la puede redimir del todo la muerte (*RB* 54-55).

Tolkien no vio en *La batalla de Maldon* la celebración del antiguo y heroico espíritu del Norte, tal como Clark (1979) y Gordon (1966) hicieran. No podía ser tras siglos de cristianismo en Inglaterra y cánticos en latín al funeral de Beorhtnoth, y por eso le inquietaba la interpretación que pudiera hacerse de las palabras de Beorhtwold (vv. 312-19):

> Mayor ha de ser nuestro brío y coraje,
> mayor el tesón, cuanto menos podamos.
> Al caudillo excelente aquí sobre el polvo
> Por siempre quizás
> lo lamente después el que ahora flaquee.
> Avanzada es mi edad: de aquí no he de irme;
> con mi amado señor me pienso quedar
> y junto con él daré yo mi vida.

A Tolkien le preocupaba tal aclamación hecha en el campo de batalla, en plena lucha. Demasiado heroica y no cristiana para 991, encontraría mejor lugar en boca vikinga en vez de inglesa, y seguramente debía de componer una cita o interpolación básicamente pagana (*RB* 51). Pero la cuestión yace en tratarla junto a los vv. 89-90, que para Tolkien forman una severa crítica. Sin embargo, aunque se vea en ello el distanciamiento que el poeta, distinto del noble y guerrero, se permite para criticar el heroísmo como gallardía, este no es incompatible con la lealtad y amor que los guerreros de Beorhtnoth muestran, porque estos son los subordinados.

Tal como Tolkien (*RB* 56) expone, el objeto de la voluntad de los guerreros es decidido funestamente por otro, de modo que su aceptación, al no verse motivada por la sed de gloria sino por amor y lealtad, muestra la más pura vertiente del heroísmo del Norte: aquella que no cede ante la inevitable derrota, pero con el corazón limpio de deseo ególatra.

No obstante, si bien los subordinados tienen ocasión de ofrecer lo mejor del antiguo espíritu, el tema nuclear es su lado oscuro. De ahí la centralidad de la condena a lo que roza un ánimo que en tiempo y suelo cristianos está más acorde con la amenaza pagana. Es bajo esta clave como puede decirse que la presentación del sacrificio de los guerreros que quedan no es aquella que debería darse en una edad cristiana (Shippey 1985: 233). Por eso las palabras de Beorhtwold en *La batalla de Maldon* son puestas en *El regreso de Beorhtnoth* en un contexto ligado totalmente al paganismo: los dos primeros versos brotan del sueño, fuera de combate, de Torhthelm para pasar a desaprobarse inmediatamente por Tídwald, quien expone que solo queda trabajo, pérdida y guerra hasta que el mundo perezca. Y Tolkien añade además otros dos versos más oscuros:

> Más valiente será el corazón, más fuerte la voluntad,
> mayor el espíritu cuanto más menguada nuestra fuerza.
> No nos fallará el ánimo ni flaquearán las fuerzas
> aunque venga el fin de todo y nos conquisten las tinieblas (*RB* 45).

Su interpretación de *La batalla de Maldon* tiene claras y profundas consecuencias en su *legendarium*. Tal como dice Shippey (2007: 276), esas palabras casan mejor con Túrin o Feänor que con Aragorn o Gandalf. Por esa razón, Túrin es llamado *overbold* (*HH* 85; West 2000): gallardo en extremo.

Según Tolkien, por lo tanto, en *La batalla de Maldon* existe la tensión entre el heroísmo que no se sacrifica por fama y gloria –los guerreros de Beorhtnoth– y la postura del caudillo Beorhtnoth, de clave pagana. La ley moral del siglo X en Inglaterra no exigía de ningún modo sacrificar a gente por gloria terrena, sentenció Tolkien. De modo que, desde el ideal del héroe que se enfrenta a la inminente muerte, su postura tiene dos vertientes: saberse pequeño y luchar contra toda esperanza, o ser temerario y grabarse un nombre en cantos de memoria; es decir, una recaída al criticado *ofermod* oscuro y pagano, según Tolkien.

Su propuesta consiste en recoger y guardar la primera, como la forma más noble del heroísmo germano, que abre una ventana más allá del Oeste. Su gran diferencia y aportación para con los registros de la literatura germana consiste en que aquellos héroes que no luchan por fama o gloria no son únicamente los subordinados, sino que también son los líderes, tales como Théoden, Faramir, Gandalf o Aragorn.[63] O Frodo, tal como veremos en el siguiente capítulo.

---

[63] Véanse Bowman (2010), Dunai (2019) y Lakowski (2002). Contrariamente a lo que exponemos siguiendo a Tolkien, al decir que «el exceso de Beowulf, insinua Tolkien, fue el de Beorhtnoth: su deseo de honor entraba en conflicto con el deber de los héroes hacia sus seguidores» (2000: 50), Clark sostiene que Tolkien niega el mundo de los antiguos héroes, que buscaban riqueza material, fama o venganza, y que lo reescribe en favor de un heroísmo incongruente con el pasado germano que aúna su propia visión. Por otra parte, Gallant

VIII.

Eucatástrofe

En los capítulos anteriores hemos expuesto cuál era la percepción del mal en el pensamiento de Tolkien, así como el ideal heroico que defendía. Como filólogo académico, su lectura se basaba en el profundo estudio de las fuentes antiguas, pero su interpretación no acabó ahí, pues como poeta elaboró un mundo secundario en el que poder experimentar esa misma sensibilidad. La construcción de su *legendarium* y su estudio universitario se desarrollaron de la mano, para mostrar que, en el antiguo mundo de la Europa atlántica, de la que los anglosajones fueron herederos particulares, la existencia en el mundo se veía amenazada por una oscuridad que, a pesar de las derrotas que pudiera sufrir, vencía continuamente.

Con cada uno de sus pasos parte de la belleza del mundo era sepultada para siempre, y al no tener aviso de salvación, la existencia podía caer en la desesperación de querer aferrarse a las obras mundanas o de buscar la inmortalidad. Tal sombra se extendía como una gran amenaza, pero sus hebras no se entretejían por capricho en el entramado del destino: eran oscuro fruto de la voluntad y acción de una gran Sombra, bajo la cual otras oscuridades se cernían.

Sin embargo, en ese mundo, un elevado modo de existencia cobró forma, una nobleza capaz de encontrar luz en la oscuridad. Su coraje y humildad, dice Tolkien, fueron capaces de no ceder esa parte de sí en la que encontraba algo de otro orden, de belleza inusitada. En

(2024) trata sobre Fëanor como prototipo del guerrero germano orgulloso.

el presente capítulo, con el objetivo de asentar la base que forma el trasfondo del pensamiento de Tolkien, en el que toda manifestación germana antigua a través del lenguaje encuentra puntos de unión y se ve vivificada por la sabiduría de la fe cristiana, veremos en qué consiste ese modelo de nobleza. Exploraremos, mediante ejemplos del *legendarium* de Tolkien, el heroísmo que no se llena de orgullo, sino que es capaz de vaciarse para dejar que la divinidad actúe.

Agencias

En el segundo capítulo, citábamos de mano de Tolkien: «El nacimiento de Cristo es la eucatástrofe de la historia del Hombre. La Resurrección es la eucatástrofe de la historia de la Encarnación» (*SCH* 190). Tal como subrayan Flieger y Anderson (Tolkien 2014: 23; 135), tales palabras pertenecen al epílogo que Tolkien agregó a *Sobre los cuentos de hadas* para su publicación impresa en 1947.[64] En dicho *postscriptum*, Tolkien profundizó en el sello o verdadero carácter que reconoce a los cuentos de hadas: el inesperado desenlace de los catastróficos acontecimientos y el gozo como eco del *evangelium*. Ahora bien, si en la eucatástrofe del mito de Cristo Dios opera en el mundo, puede pensarse acertadamente que en la eucatástrofe de todo otro cuento de hadas Dios también opera en el mundo, a través del secundario. El heroísmo que culmina en la eucatástrofe, por lo tanto, no es de grandes hazañas. Por ello, estudiaremos a continuación el personaje de Frodo Bolsón.

Tras ser herido por un Jinete Negro en la Cima de los Vientos, una nube empezó a ensombrecer la mente de Frodo. La esperanza y fuerza se perdían tanto como el frío y dolor aumentaban: el mundo palidecía y se desvanecía para él, y desde las sombras sentía que lo buscaban (*CA*, I, XII, 213-14; 220-22). Desde entonces, «se le habían agudizado los sentidos y advertía ahora la presencia de muchas cosas que no podían ser vistas» (*CA*, II, iv, 324). Es decir, Frodo comenzó a comprender la oscuridad en sí misma, y no cesó en enfrentarla.

Además de andar entre dos mundos, entre la vigilia y las sombras, Frodo lleva colgando de su cuello y junto a su corazón al diablo mismo:

[64] En *Essays presented to Charles Williams*. Es decir, no forman parte de la conferencia pronunciada ante el público de St Andrews el 8 de marzo de 1939 –momento en que escribía *El retorno del Rey*–.

un pedazo de oro circular en el que se ha encerrado la voluntad más perversa de Sauron (*C* 211). La constante oportunidad de caer, la permanente amenaza de la sombra, es enfrentada por su pequeño y noble corazón, aquel que hace posible al final que haya lugar para la intercesión divina, aunque se trate de un mundo sin Alianza alguna.

En la soledad de su carga se fraguan hondas comprensión y disposición. Al igual que Gandalf antes hiciera, también Frodo declara su miedo de la misión, miedo «contra todo retraso. Contra lo que parece más fácil. Contra el rechazo de la carga que pesa sobre mí. Contra... bueno, hay que decirlo: contra la confianza en la fuerza y la verdad de los hombres» (*CA*, II, x, 410-11).[65] Frodo tiene conciencia de que, ante el aparato del mal, no se puede tratar de estar firme sobre los propios pies. No se puede confiar solo en ellos, porque el objetivo a batir es mucho más grande y poderoso: la insaciable voluntad de poder del Ojo:

> Lo que más inquietaba a Frodo era el Ojo: así llamaba en su fuero íntimo a esa fuerza más insoportable que el peso del Anillo que lo obligaba a caminar encorvado. El Ojo: la creciente y horrible impresión de la voluntad hostil, decidida a horadar toda sombra de nube, de tierra y de carne para verlo: para inmovilizarlo con una mirada mortífera, desnuda, inexorable. ¡Qué tenues, qué frágiles y tenues eran ahora los velos que lo protegían! Frodo sabía bien dónde habitaba y cuál era el corazón de aquella voluntad: con tanta certeza como un hombre que sabe dónde está el sol, aun con los ojos cerrados. Estaba allí, frente a él, y esa fuerza le golpeaba la frente (*DT*, IV, II, 654).[66]

De modo que el hobbit, a lo largo de su misión, sufre un proceso de vaciamiento. Los pesares lo van agotando, le hacen perder parte de su ser: lo hacen más transparente (*DT*, IV, IV, 677-78; *C* 89). Pero algo más se atisba en Frodo, tal como Gandalf advirtió en Rivendel (*CA*, II, I, 233), cuando Tolkien dice que el hobbit está claro como agua a través de un vaso. Lo que Gandalf reconoce, aunque sabe que está muy por encima de su total comprensión, es una luz que habita en él y que lo ayuda a sostenerse en su calvario.

[65] La traducción de la última parte es nuestra.

[66] Un ojo sin párpado, que vigila con descaro desde la oscuridad del sueño o a la vuelta del corazón todo aquello que tiene o adquiere brillo con la intención de ahogarlo y comerlo (*DT*, IV, I, 627; III, 666; X, 765). Un Ojo capaz de volverse hacia dentro a cavilar (*RR*, VI, II, 970).

Desde lo pequeño

Frodo, por lo tanto, percibe la belleza y el horror trás el velo de la realidad, y es capaz de atravesar Mordor aferrándose al amor y sabiduría de la Comarca. Precisamente, parte del proceso de destrucción que el Anillo opera en Frodo consiste en vaciarlo de toda belleza (McAleer 2024: 155-94), de todo recuerdo de la Comarca, pues en el *legendarium* de Tolkien, el sostén que proporciona lo sagrado actúa desde la faceta de lo bello. Desde Gandalf a Aragorn, desde Thingol a Faramir, el conocimiento (in)directo de la Luz de Aman es el lugar en el que los personajes se recrean y encuentran protección ante los embates del mundo. Al respecto, es interesante atender al diálogo entre Gandalf y Frodo en Rivendel:

> —En Rivendel viven algunos de los principales enemigos de Mordor: los Sabios Elfos, Señores del Eldar, de más allá de los mares lejanos. Ellos no temen a los Espectros del Anillo, pues quienes han vivido en el Reino Bienaventurado viven a la vez en ambos mundos y tienen grandes poderes contra lo Visible y lo Invisible.
>
> —Creí ver una figura blanca que brillaba y no empalidecía como las otras [*CA*, I, XII, 219; 225].[67] ¿Era entonces Glorfindel?
>
> —Sí, lo viste un momento tal como es en el otro lado, uno de los poderosos Primeros Nacidos. Es el Señor Elfo de una casa de príncipes. En verdad hay poder en Rivendel capaz de resistir la fuerza de Mordor, por un tiempo al menos, y hay también otros poderes afuera. Hay poder también, de otra especie, en la Comarca (*CA*, II, I, 233).

Poder de otra especie, dice Gandalf. Un poder que solo él es capaz de ver y conducir. Poder ligado al conocimiento del mundo desde el contacto con la tierra y lo que crece, que se vuelve en humildad y misericordia capaz de resistir al mal en los pequeños momentos diarios. Así se dice en *Mitopoeia* (84): «Benditos los corazones tímidos que el mal odia / hacen telas doradas para el día lejano / esperado y aceptado bajo la oscilación de las sombras».

[67] En la obra de Peter Jackson (*La Comunidad del Anillo*, 2001) ese momento queda cubierto con la llegada de Arwen ante los ojos de Frodo.

Esas virtudes, al igual que en Frodo, pueden encontrarse en Bilbo (Parry 2016), antecesor de aquel, o pueden verse desfiguradas en otra criatura relacionada con los hobbits: Gollum. A nuestro entender, a pesar de no provenir de la pluma de Tolkien, en ningún lugar se dice mejor esto que en *Un viaje inesperado* (2012), de Peter Jackson, cuando Gandalf responde a Galadriel tras el Concilio Blanco la razón de su elección de los hobbits:

> —Mithrandir, ¿por qué el Mediano?
>
> —No lo sé. Saruman opina que solo un gran poder puede contener el mal, pero eso no es lo que yo he aprendido. He aprendido que son los detalles cotidianos, los gestos de la gente corriente, los que mantienen el mal a raya. Los actos sencillos de amor. ¿Por qué Bilbo Bolsón? Tal vez porque tengo miedo, y él me infunde coraje.

A lo largo de *El Hobbit* (71; 75; 205), Bilbo muestra su piedad para con Gollum y sus amigos enanos, piedad que Frodo mostrará en grado sumo para con toda criatura (Irigaray 1999: 194-222). Esa es la razón por la que puede guardar por tanto tiempo el Anillo y Gandalf no notarlo, porque el mal no le afecta tanto, porque su corazón siempre lo ha combatido desde lo pequeño.

A este respecto es interesante recordar qué dice Merry cuando es rescatado por Aragorn de su caída en la sombra del Nazgûl. Sus lúcidas palabras resaltan el valor de la vida sencilla y centrada en la contemplación y disfrute de lo trascendente a través de la realidad presente. Cuando se dispone a fumar en pipa junto a Pippin, Merry expone:

> Lo mejor es amar ante todo aquello que nos corresponde amar, supongo; hay que empezar por algo, y echar raíces, y el suelo de la Comarca es profundo. Sin embargo, hay cosas más profundas y más altas. Y si no fuera por ellas, y aunque no las conozca, ningún compadre podría cultivar la huerta en lo que él llama paz. A mí me alegra saber de estas cosas, un poco (*RR*, V, VIII, 915).

La contemplación, la acogida del don que se ofrece a través de la belleza (O'Donohue 2004), se vuelve así puerta a la humildad y misericordia características del heroísmo basado en la elevación de lo sencillo. Por eso dijo Tolkien que *El Señor de los Anillos* es un «estudio del ennoblecimiento (o santificación) de los humildes» (*C* 181), aquello que más conmovía a Tolkien (*C* 180) y cuyo aprendizaje se remontaba a su infancia y experiencia en la guerra.[68]

En estrecha relación con todo ello, en *El hombre en busca de sentido* (1946), Viktor Frankl expuso que aquellos con un mundo interior rico son capaces de resistir –por más tiempo– el horror circundante. Se trata de un mundo rico en luz y belleza, fuente de sentido superior a la calamidad del mundo que brinda mayor hondura en las decisiones que el destino pide tomar.

En la mencionada obra del psiquiatra austríaco, hay una narración al final del fragmento titulado «El destino, un regalo» (2001: 101-04), en la que Frankl da testimonio de su conversación con una joven que vio morir en un campo de concentración. Dice así:

> Esta joven sabía que iba a morir a los pocos días; a pesar de ello, cuando yo hablé con ella estaba muy animada. —Estoy muy satisfecha de que el destino se haya cebado en mí con tanta fuerza —me dijo—. En mi vida anterior yo era una niña malcriada y no cumplía en serio con mis deberes espirituales. —Señalando a la ventana del barracón me dijo—: Aquel árbol es el único amigo que tengo en esta soledad.
>
> A través de la ventana podía ver justamente la rama de un castaño y en aquella rama había dos brotes de capullos. Muchas veces hablo con el árbol —me dijo.
>
> Yo estaba atónito y no sabía cómo tomar sus palabras. ¿Deliraba? ¿Sufría alucinaciones? Ansiosamente le pregunté si el árbol le contestaba. «Sí». ¿Y qué le decía? Respondió:
>
> —Me dice: «Estoy aquí, estoy aquí, yo soy la vida, la vida eterna».

El dolor que la escena transmite se mezcla con la alegría de saber quién dice estar presente. Se trata de la vivencia de una eucatástrofe. Y bajo esa misma clave han de entenderse las palabras de Gandalf (*S* 337) y Elrond (*CA*, II, II, 281) cuando exponen que la ayuda suele venir a menudo de los débiles: porque a diferencia de los sabios y toda su firmeza y razón, los pequeños están más abiertos a la esperanza.

---

[68] Recuérdense 1 Co 1,27-29 y 2 Co 12,9. El ennoblecimiento de lo pequeño es en Tolkien sinónimo de santificación.

En palabras de Tolkien, los grandes acontecimientos de la historia, las «ruedas del mundo», a menudo son dirigidas por los pequeños, insignificantes, débiles o desconocidos, «como consecuencia de la vida secreta que hay en la creación, y la parte desconocida para toda otra sabiduría, salvo para la Única, que reside en las intromisiones de los Hijos de Dios en el Drama» (*C* 131).

Monte del Destino

Las palabras de Frodo en el momento álgido, ante las Grietas del Destino, en el corazón del reino del Caído, son importantes. Frodo elige –y el verbo es importante–[69] no deshacerse del Anillo, sino poseerlo: «He llegado –dijo–. Pero ahora he decidido no hacer lo que he venido a hacer. No lo haré. ¡El Anillo es mío!» (*RR*, VI, III, 995). Sin embargo, cuando Frodo inserta su dedo en el Anillo y parece que todo está a punto de fracasar, lo inesperado ocurre. Gollum lucha con Frodo y logra arrancarle el objeto de un mordisco, para después, en pleno deleite del botín, dar un paso de más y precipitarse al vacío (*RR*, VI, III, 996).

De modo que el fin del Anillo, del cometido de destruirlo, no es, en última instancia, obra de Frodo. Tras llegar a la extenuación física y espiritual, el hobbit reclama para sí la joya, y deja el camino que conduce a destruirla. En un largo fragmento de su epistolario, Tolkien dice así:

> Frodo, por cierto, fue «incapaz» como héroe tal como lo conciben las mentes simples: no soportó hasta el final; cedió, desertó [...] Frodo había hecho lo que podía y estaba exhausto (como instrumento de la Providencia) y había logrado una situación en la que el objeto de su búsqueda era alcanzable. Su humildad (con la que había empezado) y sus sufrimientos fueron justamente recompensados por el más alto honor; y su ejercicio de la paciencia

[69] Christopher Tolkien (*El fin de la Tercera Edad* 63) expone que las palabras de Frodo, que en un principio fueron «no puedo hacer lo que he venido a hacer» se tornaron «no escojo ahora lo que vine a hacer», marcando el deseo completo del acto –bajo un largo proceso de tentación–, y que obligan a considerar que desde el principio Frodo terminaría eligiendo el Anillo para él.

> y la misericordia que usó con Gollum le ganaron la Misericordia: su incapacidad quedó enmendada.
>
> Somos criaturas finitas con limitaciones absolutas con respecto al poder de acción o de resistencia de nuestra estructura anímico-corporal. El fracaso *moral* de un hombre solo puede afirmarse, me parece, cuando su esfuerzo o su capacidad de resistencia quedan *por debajo* de sus límites, y la culpa decrece cuando más cerca se está de dichos límites. No obstante, creo que puede observarse en la historia y en la experiencia que algunos individuos parecen situarse en posiciones «de sacrificio»: situaciones o tareas que para el perfeccionamiento de su solución exigen capacidades más allá de sus límites extremos, aun más allá de todo límite posible para una criatura encarnada en el mundo físico, en las que el cuerpo puede ser destruido o mutilado de tal manera que afecta la mente y la voluntad. El juicio en tal caso debe depender, pues, de los motivos y la disposición con los que se puso en marcha, y debe sopesar sus acciones en relación con la máxima posibilidad de sus capacidades a lo largo del camino que constituye su punto límite (*C* 246).

De las líneas de Tolkien se desprende que Frodo no es el héroe poderoso y autosuficiente que culmina toda tarea. Se ve envuelto en un propósito muy elevado, de tal magnitud que supera sus posibilidades. Por esa razón, la presión a la que se ve expuesto, mayor que todo sacrificio que pudiera hacer, acaba venciéndolo. Es así que Frodo no es capaz de llevar a cabo la obra, pero tampoco fracasa, porque lo da todo: todo lo dio aun sabiendo que no sería suficiente, y lo hizo voluntariamente.

De modo que a Frodo le había sido encomendada una tarea por encima de sus posibilidades. Esa es la razón para llamar a su persona, más que a ninguna otra, instrumento de la Providencia. Porque en términos cristianos, en los que el Padre vela por sus Hijos y a los que ha dado vida con sentido, al dirigir a una criatura hacia el obstáculo que no puede de por sí salvar, ha de haber un plan oculto, ha de haber la posibilidad de mostrar mayor gloria que de otro modo no sería posible (1 Co 10,13). A ello remite el sacrificio evangélico. Al igual que con Cristo, con Frodo:

> La Misión estaba condenada a fracasar como plan mundanal, y también estaba condenada a terminar en desastre como la historia del proceso por el que el humilde Frodo se dirigía al «ennoblecimiento», a su santificación. Fracasaría y fracasó en lo que a Frodo concierne, al menos considerado solo [...] Pero en este punto se logra la «salvación» del mundo y la propia «salvación» de Frodo por su anterior *piedad* y el perdón de la ofensa. En cualquier momento, toda persona prudente le habría advertido a Frodo que Gollum ciertamente lo traicionaría y podría robarle el final. Tener «piedad» de él y abstenerse de matarlo fue una locura, o la mística creencia en el definitivo valor que de por sí tiene la piedad o la generosidad, aun cuando resulte desastrosa en el mundo temporal. Le robó y lo dañó al final; pero, por mediación de cierta «gracia», la última traición se produjo precisamente en el momento en que el acto malo final fue lo más benéfico que podía hacerse por Frodo. Por mediación de una situación creada por su «perdón», él mismo fue salvado y liberado de su carga (*C* 181).

La Gracia recibida en el Monte del Destino, por lo tanto, se ve efectuada debido a la propia gracia dada mediante el total sacrificio por Frodo, en cuyo transcurso se encuentran la piedad y perdón de la ofensa dispensadas a Gollum (*C* 191),[70] como eco del don de la misericordia que late en él (Rm 9,23). En consecuencia, Tolkien explica que:

> Frodo merecía todo honor porque derramó hasta la última gota de la capacidad de su voluntad y de su cuerpo, y eso fue suficiente para llevarlo al punto destinado y no más allá. Muy pocos, quizá ninguno más de su tiempo, podrían haber llegado tan lejos. El Otro Poder se hizo cargo entonces del control: el Escritor de la Historia (por el que no me refiero a mí mismo), «esa persona siempre presente que nunca está ausente y nunca se nombra» (como ha dicho un crítico) (*C* 192).

[70] Uno de los temas que muchos lectores u oyentes de *El Señor de los Anillos* no comprenden es por qué no hay misericordia para Sméagol, por qué no llega a salvarse. Y si fue por culpa de la torpeza de Sam cuando parecía que un atisbo de arrepentimiento surgía en él (*DT*, IV, VIII, 744; *C* 96). Pero Sméagol sí recibió misericordia por el mero hecho de conducir a y ser acompañado por dos de su raza, y si no pudo ser salvado fue porque no había misericordia en él cuando cogió el Anillo (*C* 181).

El autor, que escribía en 1956 –al igual que la carta citada previamente; es decir, en plena revisión del trasfondo metafísico de la Tierra Media– no podía haberlo dicho más breve y concisamente. Ese agente apenas notado es el que a partir de cierto momento obra realmente. Ese es el agente cuyo obrar gira el curso de los acontecimientos de modo inesperado hacia un elevado fin, y permite vislumbrar la luz detrás del velo del Drama, dando breve atisbo del lugar de cada uno en este y el lugar de este en un marco más allá del Tiempo. Porque tal como dice Tolkien, «*no* es posible que las criaturas encarnadas, por 'buenas' que sean, resistan definitivamente el poder del Mal en el mundo; y el Escritor de la Historia no es uno de nosotros» (*C* 191).

Espíritu santificado

La luz y el eco de la esperanza que Tolkien trata remiten a la agencia divina desde fuera del mundo ante los funestos acontecimientos. A ello designó Tolkien *eucatástrofe*. En la línea descrita por Tolkien, por lo tanto, se contempla la posibilidad de que Dios prepare y ofrezca a ciertas personas caminos por encima de sus posibilidades. Pero con la gran diferencia de que será Dios mismo quien termine de recorrerlos si todo se ha donado gratuitamente, si se llega al límite de la capacidad dada. De ese modo, la gracia llama a la Gracia, a que la agencia divina interceda en los acontecimientos mundanos.

Mediante la eucatástrofe, al recibir la luz que traspasa el velo, el ser humano adquiere conciencia de lo que ocurre *sub specie æternitatis*, lo cual le hace comprender su lugar en todo el Drama del Tiempo. Por un momento, logra tal amplitud de visión que siente algo distinto a la suma de alegría y lágrimas, porque ha sido tocado por el lugar donde estas se han fundido en amor.

Por ello, el mito y el cuento de hadas, además de ofrecer todo un mundo de sentido y engrandecer el Designio, permiten abrir un resquicio por el que la luz, distinta a la contenida en la narración, ilumina el mundo, y muestra que la sombra, a pesar de todo, es pasajera. Que en última instancia la sombra será vencida por Aquel que diseñó lo que se volvió Drama. La eucatástrofe, por lo tanto, *es* la superación de la sombra. En otras palabras: la eucatástrofe es capaz de barrer la sombra de la muerte y dejar la vía limpia para aceptar a esta como don.

Con todo lo dicho, es momento de formular una pregunta que muchos estudiosos han hecho (Agøy 1995; McBride 2020; Testi 2018), al querer ofrecer respuesta satisfactoria al hecho de que en el mundo secundario de Tolkien el elemento fundamental católico esté absorbido en un escenario previo a la Revelación: ¿Es el mundo de Tolkien pagano, cristiano o síntesis de ambos? La cuestión adquiere mejor cariz en la línea de Segura (2018): ¿Cómo es posible que en un mundo que no ha recibido noticia de la Revelación, en el que no se sabe nada de la Redención, puedan aun así oírse las campanas de la esperanza?

Lo primero que ha de tenerse en cuenta es que el antiguo mundo del Norte y la sabiduría católica a la que Tolkien apela comparten una misma metafísica –si bien distinta teología–. En la Tierra Media de Tolkien, pueden encontrarse las bases que hacen a lo antiguo y lo medievo igual en el Norte: el orden sagrado y la caridad, el mundo que se muestra sobreabundante de sentido y maravilloso, el poder del lenguaje para comulgar con el resto de seres y narrar lo que aún no se distingue entre leyenda e historia, la aparición de nuevas bellezas cuando las antiguas han sido tragadas, el constante asedio del mal, la gracia que intercede cuando el coraje lo ha dado todo para resistir. Todo ello sostiene una forma de existir, de estar en el mundo, que es igual al noble pagano y al cristiano, quien a pesar del Mensaje no está exento de la lucha.

Alegría y lágrimas

Tolkien ofreció en una epístola una explicación concisa de lo que significaba para él la eucatástrofe:

> La alegría cristiana que provoca lágrimas porque es cualitativamente equivalente al dolor, porque proviene de los lugares donde la Alegría y el Dolor son lo mismo, reconciliados al perderse en el Amor el egoísmo y el altruismo. Por supuesto, no quiero decir que los Evangelios cuentan lo que es *solo* un cuento de hadas; pero sí quiero decir decididamente que cuentan un cuento de hadas: el mayor de ellos. El hombre en cuanto cuentista debería ser redimido de un modo acorde con su naturaleza: mediante una historia

> conmovedora. *Pero* como el autor de ella es el supremo Artista y el Autor de la Realidad, también esta cobró Ser, tuvo verdad en el Plano Primordial. De modo que en el Milagro Primordial (la Resurrección) y también en los milagros cristianos menores, aunque en menor escala, no solo se tiene el súbito atisbo de la verdad tras la aparente Anankê de nuestro mundo, sino un atisbo de que es realmente un rayo de luz a través de las grietas mismas del universo que nos rodea (*C* 89).

Previamente al fragmento citado, y tal como hemos expuesto anteriormente, Tolkien subraya que la más alta función del cuento de hadas es producir en el oyente o lector la honda emoción que el ser humano siente cuando, a falta de esperanza, llega el feliz giro de los acontecimientos. Dicha eucatástrofe horada el corazón con alegría que trae lágrimas porque resulta ser la repentina visión de la Verdad, mediante la que se siente la liberación de la mortal cadena de causas y efectos a la que la naturaleza humana se ve atada.

La eucatástrofe del *mythos* solo es posible si este posee verdad literaria en su propio plano, pero el ser humano percibe que su forma de operar es la misma de la realidad del gran mundo para el que está hecho, porque cuando el corazón es alcanzado por el destello de la Verdad, la persona comprende su lugar en el designio del mundo: toda relación para con él, a través de todo lo cercano y lo lejano. Por esa razón, la sonrisa se baña en lágrimas, porque la alegría y el dolor se experimentan desde medida exterior al mundo (Zehnle 2018). Es en ese plano, por lo tanto, donde se encuentra la base sobre la que Tolkien logró artísticamente mostrar que el Norte pagano y cristiano eran el mismo.

Para Tolkien, el ser humano es subcreador por naturaleza, y su corazón busca la fuente de la Belleza. Rodeado por el mundo inmediato y por otros velos que lo colocan en un lugar y estado concreto en el cosmos, el ser humano ha de hacer frente a aquello que amenaza con tragarse la manifestación de lo bello. Por esa razón, cuando en los momentos oscuros, cuando toda fuerza y expectativa se ha entregado, cuando el respiro y superación de la catástrofe llegan aparentemente mediante los elementos y modos ordinarios del entorno, el corazón humano nota aquello de allende que atraviesa todas las capas del universo hasta llegar a él, y directamente, atisba la verdad que permea a toda la Creación y su Designio. Y como el vehículo del ser humano por antonomasia es la palabra, el *mythos*, en tanto que bello sentido capaz de mostrar la verdad en su despliegue narrativo, puede conducir a tal situación de eucatástrofe. De hecho, es su más alta función.

Mediante la recepción de la gracia al borde del abismo, sea en el mundo primario o secundario, el corazón recibe el destello de luz procedente del «lugar donde la Alegría y el Dolor son lo mismo, reconciliados al perderse en el Amor el egoísmo y el altruismo». Si el ser humano no ha cambiado, si tanto antes como después del Evangelio sufre en la larga derrota y es agraciado con la verdad trascendente, entonces hablar de pagano o cristiano solo tiene sentido en tanto que dos hojas de una misma rama que se han desplegado a tiempos distintos, pero que pertenecen a un mismo tronco externo al Tiempo, en cuanto que fuente de desarrollo del Designio.

Por todo ello, puede sostenerse que cuando el corazón, aunque no sepa de Dios, encuentra que es tocado a través de las grietas del cosmos, la gracia lo eleva y le hace comprender su situación para con el mundo. Encuentra el orden que en verdad rige la totalidad. Al estar en esa línea, bajo esa misma clave, la tesitura es la misma. La diferencia es ser anterior o ulterior a la venida de Cristo, pero la operación es la misma: se es parte de la misma realidad, se tiene la misma conciencia.

Es así como pueden entenderse estas conmovedoras líneas de la Biblia, aquellas de *Isaías* (65,1) que dicen: «Me he hecho encontradizo de quienes no preguntaban por mí; me he dejado hallar de quienes no me buscaban. Dije: 'Aquí estoy, aquí estoy' a gente que no invocaba mi nombre». ¿No recuerdan a algo dicho anteriormente? Sí. En el horror de Auschwitz, Frankl recogió: «Estoy aquí, estoy aquí, yo soy la vida, la vida eterna».[71]

De modo que tal como Tolkien veía en la mente del poeta de *Beowulf*, la nobleza pagana pudo conocer al Único. Aunque no se supiese su nombre o rostro, nunca estuvo ausente para aquellos que lo donaron todo desde el coraje y la humildad. Mientras el ser humano sea ser de palabra, la eucatástrofe se dará del mismo modo que en aquel tiempo pasado en el que los que sufrían no tenían a quién llamar en la Verdad. La historia de Frodo es el ensayo de todo ello.

[71] Es curioso notar cómo personas que han vivido situaciones similares han hablado del acompañamiento de lo divino; véase, por ejemplo, la entrada del 31 de marzo de 1944 en el *Diario* de Anne Frank.

IX.

Muerte e inmortalidad

Tras haber estudiado la relación de los tres mayores ensayos de Tolkien y su *legendarium*, el objetivo del presente capítulo será la exploración del significado de la muerte como don. Con ello, asentaremos la base para, finalmente, comprender la intrínseca unión entre mito, muerte y estética mariana. Por esa razón, el objetivo de las siguientes líneas será exponer el significado mito-teológico de la mortalidad del ser humano desde la perspectiva élfica ensayada por Tolkien.

A continuación, se analizará en profundidad la naturaleza de Elfos y Hombres, para atender a sus peculiares características y lugar en el *legendarium*. Posteriormente, se tratarán varios elementos concernientes a la mortalidad humana y la teología cristiana.

Más allá de la Música

El *Ainulindalë*, la narración de apertura de *El Silmarillion*, habla del origen del universo, representándolo como obra de arte hecha por unos seres, los Ainur, acorde al designio de Dios. Estos seres sagrados interpretaron la propuesta divina, y fueron animados a hacer una Gran Música, tanto armónica como encantadora. Pero en cierto punto, Melkor, el más agraciado de los Ainur, comenzó a introducir su propia perspectiva, que no estaba acorde con los temas de Dios, quien es llamado Ilúvatar en el texto de Tolkien. Consecuentemente, la música sufrió algunos desequilibrios que influyeron en algunos otros Ainur para mal, e Ilúvatar mismo tomó parte en la reconducción de la música mediante la adición de nuevos temas.

Tres veces confrontó y redireccionó las disarmonías, y en la última los Elfos y Hombres fueron revelados como los Hijos de Ilúvatar (Schlobin 2000). Así, el *Ainulindalë* expone que hay un Creador y seres menores que no pueden crear, sino subcrear, sobre la base de aquello que les ha sido revelado. Además, el Creador muestra preocupación por el desarrollo de su designio, voluntariamente dado a todo ser con libre albedrío, al que agrega la humanidad en la forma de Elfos y Hombres, que son expresados como dos facetas del ser humano con una impronta o don divino, pues han sido creados directamente por Dios (*C* 131).

Encontramos la completa descripción de los dones que Ilúvatar dio a sus hijos ofrecida no en el *Ainulindalë*, sino en el primer capítulo del *Quenta Silmarillion*, la narración del drama de los silmarils. Allí, al final del episodio, por primera y única vez, encontramos una explicación de la naturaleza de Elfos y Hombres. Se dice que tras la creación del mundo y convertirse algunos de los Ainur en sus Valar, en el sentido pagano de Poderes, Ilúvatar estuvo solo y en silencio, pensando por toda una edad. Tras detenida consideración, expuso que ama la Tierra y que la quiere como el hogar de sus hijos; declaración mostrada antes en práctica mediante su gratuita y creativa participación en la Gran Música, que subraya una dimensión sacramental de la realidad (Bernthal 2014: 84-103). Al hacer la Tierra su hogar, a los hijos de Ilúvatar se les da corazones naturalmente ligados a la sanación y embellecimiento del mundo.

Los Elfos, los más similares a los Ainur excepto en estatura, en propias palabras de Ilúvatar, fueron hechos los más hermosos entre todas las criaturas, y se les otorgó la habilidad de concebir y traer a la creación más belleza que a cualquier otro ser. Por esa razón se dice que la más grande fortuna en el mundo emana de ellos, lo que crea una profunda relación de confianza con los Valar. Además, también es Ilúvatar quien dice que a los Hombres se les dará un nuevo don, diferente de aquel de los Ainur y Elfos. El narrador de *El Silmarillion* dice lo siguiente:

> Por tanto, quiso que los corazones de los Hombres buscaran siempre más allá y no encontraran reposo en el mundo; pero tendrían en cambio el poder de modelar su propia vida, entre las fuerzas y los

> azares mundanos, más allá de la Música de los Ainur, que es como el destino para toda otra criatura; y por obra de los Hombres todo habría de completarse, en forma y acto, hasta en lo último y lo más pequeño (*S* 45).[72]

Por lo tanto, la diferencia real entre Hombres, por una parte, y Elfos y Ainur, por otra, es de naturaleza estética, porque los Hombres están llamados a participar dentro de la Creación sin estar atados a ella o a su (musical) designio. Sin embargo, *El Silmarillion* no ha mencionado aún la mortalidad de los Hombres, aunque proseguirá a hacerlo inmediatamente unas líneas después de la cita previa:

> Uno y el mismo es este don de la libertad concedido a los hijos de los Hombres: que sólo estén vivos en el mundo un breve lapso, y que no estén atados a él, y que partan pronto; a dónde, los Elfos no lo saben. Mientras que los Elfos permanecerán en el mundo hasta el fin de los días, y su amor por la Tierra y por todo es así más singular y profundo, y más desconsolado a medida que los años se alargan. Porque los Elfos no mueren hasta que no muere el mundo [...] Pero los hijos de los Hombres mueren en verdad, y abandonan el mundo [...] La Muerte es su destino, el don de Ilúvatar, que hasta los mismos Poderes envidiarán con el paso del Tiempo. Pero Melkor ha arrojado su sombra sobre ella, y la ha confundido con las tinieblas, y ha hecho brotar el mal del bien, y el miedo de la esperanza. No obstante, ya desde hace mucho los Valar declararon a los Elfos que los Hombres se unirán a la Segunda Música de los Ainur; mientras que Ilúvatar no ha revelado qué les reserva a los Elfos después de que el Mundo acabe, y Melkor no lo ha descubierto (*S* 45).

Elfos y Hombres son, por lo tanto, criaturas que aparecieron dentro del universo creado, y están llamados a participar en su desarrollo. Pero mientras que los Elfos habrán de explorar la Música y desplegar su belleza, a los Hombres se les ha dado la habilidad de buscar y descubrir más allende. Puede decirse, en consecuencia, que los Elfos son muy similares a los Ainur en naturaleza y majestad, pero que poseen menos poder.

[72] Véase el diálogo de Legolas y Gimli sobre ello (*RR*, V, IX, 918).

Los corazones de los Elfos están dados al designio del que proviene toda la creación, y, en tal sentido, es su destino estar ligados al mundo creado, que embellecen voluntariamente mediante encantamiento. Esto implica que, tal como Fornet-Ponse (2010) aclaró a Flieger (2009), aunque el destino de los Elfos esté enteramente ligado al designio, son libres en su voluntad.[73] Cualquiera que sea su elección, sus corazones siempre estarán hechos para amar y desarrollar los temas que Ilúvatar reveló. Es su deseo ensanchar aquello que está potencialmente contenido en la Música y desplegado en la realidad creada.

Pero el destino de los Hombres es diferente. Sus corazones no se nutren de la misma Música que satisface a Elfos y Ainur, sino de un lugar desconocido a ellos. Esto significa que el repertorio de Ilúvatar no acaba con los temas mostrados; hay otras fuentes, imaginaciones y horizontes acerca de los cuales los Hombres parecen saber algo.

Debido a su libertad de la Gran Música, la breve estancia a la que están llamados culmina con el camino hacia la muerte. Además, tal como se mencionó en una cita previa de *El Silmarillion*, serán los instrumentos para la compleción de todo lo revelado, tanto en forma como en acto, porque poseen la habilidad de ir y traer de más allá.

Acorde a ello, los Hombres pueden ser interpretados como sostenedores de las hebras del designio divino, así como ser vehículo para su elevación. Por esa razón, su estancia y proceso subcreativo al estar en el mundo es necesariamente breve, y está llamado a participar afirmativamente en la redención de la Creación. Así, al tener un más ancho marco que el revelado en la Música, al morir y dejar la existencia terrena, los Hombres cesan de estar dentro de los confines de la realidad creada; los Elfos, al contrario, continúan habitando dentro de la Creación tras la muerte:

> El Hado (o Don) de los Hombres es la mortalidad, la libertad de los círculos del mundo. Como el punto de vista del ciclo entero es el élfico, la mortalidad no se explica en mitos: es un misterio guardado por Dios, del que nada más se sabe que «lo que Dios ha propuesto para los Hombres permanece oculto»: motivo de dolor y de envidia para los Elfos inmortales (*C* 131).[74]

[73] Libre elección y destino ocurren a la vez, porque la conjunción de eventos otorga el marco, pero no condiciona la elección, tal como Kreeft (1979) expuso. *Cfr*. Bergland (2021) y Mathison (en Estes 2023: 225-42).

[74] Recuérdese la afirmación de Tolkien en *Sobre los cuentos de hadas* (186): Los cuentos de los

Por lo tanto, el trasfondo de la muerte de los Hombres está oculto, pero la tradición élfica recogida en *El Silmarillion* asegura que son capaces de percibir la realidad, su profundidad y más de allende. Ello los mueve a buscar fuera de la Creación misma, con el objetivo de dotarla de mayor esplendor.

Para lograr mayor comunión con cada criatura o ser, como parte de la Creación, los Hombres están llamados a aceptar el mundo y carne materiales, mientras buscan hacer de ellas lo que no está inscrito en ellas. En tanto que los Hombres entienden que la belleza que encuentran mediante la trascendencia de sus corazones no pertenece a ellos o al designio revelado, sino a una fuente externa y sagrada, trabajan para vehicular tal belleza al mundo, tanto mediante manufactura como mediante su estilo de vida.

Así pues, Tolkien explora al ser humano ante la muerte mediante las facetas de Elfos y Hombres. Los Elfos vivirán tanto como dure la Creación, mientras que desean elevarla desde dentro, y los Hombres vehicularán belleza no revelada durante su corta estancia. El *legendarium* de Tolkien, por lo tanto, puede tomarse, tal como marca nuestra línea de investigación, como ensayo sobre la condición humana en términos de (in)mortalidad, la cual está muy ligada al existencialismo y su nuclear cuestión, en cuanto al significado y objetivo del corazón al tratar tanto la dicha como el dolor.

Herida de lo bello

Tal como se ha descrito, la exploración de la existencia humana en la Tierra Media de Tolkien se centra sobre un problema estético. Existe sobreabundancia de belleza, seres y cosas que hacen que el corazón humano las ame, pero todo ello está amenazado por la sombra del mal, cuyo papel ha sido dañar la Creación desde la interpretación de la Gran Música. Cualquier cosa creada está condenada a perecer, y al hacer tal los seres humanos están incitados a realzar la belleza en el mundo. Pero la relación con la belleza puede convertirse antinatural, puesto que la belleza no debería ser atrapada.

Tal como Platón explicó en *Symposion*, la belleza visita este mundo, pero no permanece en él por mucho tiempo. La naturaleza de la

Hombres acerca de los Elfos tratan del deseo de estos de escapar de la inmortalidad.

belleza es venir, permear, revelar y partir, al no poder permanecer para siempre en un mundo herido por la degeneración y la sombra del mal. Sin embargo, la belleza habla directamente al corazón humano. El cambio de conciencia sentido y la expansión de horizontes significativos que provoca, compelen al ser humano a desear una mayor y estrecha participación en su esplendor más allá de la simple contemplación en la distancia.

Este es un deseo legítimo, pero puede conducir a enfermedad del corazón, si la libertad de la belleza no se acepta y si los seres humanos no entienden que deben encontrar y perder en este mundo. La belleza habla de gracia, trascendencia y sacralidad. Cualquier intento de asirla o capturarla inevitablemente resulta en el alejamiento del ser humano del camino de la sabiduría.

Esto puede verse en el *legendarium* de Tolkien, dado que *El Silmarillion* es «una larga narración de los desastres que destruyeron la belleza del Mundo Antiguo» (*C* 247; *S* 286), relacionado a la posesividad de la luz primordial, parcialmente preservada en las joyas sagradas.

La tragedia es conducida por el deseo de retener la belleza en las narraciones de Tolkien, desde los silmarils de Fëanor y los reinos élficos, al Nauglamír o las gemas de Moria y Erebor. Los Noldor, por ejemplo, tras deformar la verdad y perder el favor de los Valar, comenzaron a codiciar la creación de grandes reinos en la Tierra Media donde pudieran ensalzar sus poderes mediante el embellecimiento de tierras que rivalizaran con aquellas de Aman (*C* 131, 181).

Pero, dado que la Tierra Media era, para entonces, un lugar de calamidad debido a la presencia de Melkor, los Noldor quisieron embalsamar todo lo condenado a perecer, y hacer de lo que era para ellos tierra de exilio un lugar glorioso e imperecedero. De hecho, los Tres Anillos fueron creados con esa intención, con el objetivo de preservar las cosas bellas amadas por los Noldor y la inminente pérdida que temían (*C* 208; *CA*, II, ii, 280).

Sin embargo, una vez forjado el Anillo Único, Sauron tornó su interés a los Hombres, pues los Elfos, a quienes no pudo engañar, tomaron distancia de él. Pasaron años, e incluso los Númenóreanos, descendientes de los Hombres que no siguieron a Morgoth, abrieron sus corazones a la mentira de Sauron. Así, los Hombres del Oeste, en su medida, comenzaron a pecar por el mismo camino que los Noldor (*C* 154). Estos Hombres deseaban demostrar su superioridad sobre otros Hombres, y tras la expansión de su reino, gracias a la ayuda de los Valar en el mar, fueron capaces de desobedecer y tornarse contra estos.[75]

Por lo tanto, entendemos que esta caída de los Hombres también tiene sus raíces en el abandono de la estética en favor de la posesión. Su estado de virtud se pierde mediante la separación de la razón de la visión contemplativa, y pierden la oportunidad de participar en un mundo sobreabundante. Cuando la inmerecida belleza es aferrada por la posesividad y el arte cesa de considerarse ofrenda y se atesora, puede ocurrir la destrucción. Para Tolkien, por lo tanto, la belleza es para ser contemplada y guardada en el corazón, para que una participación en desarrollo en ella tenga lugar.

De modo que puede volver a verse cómo Tolkien relaciona las facetas de Elfos y Hombres para analizar el sufrimiento en relación con las capacidades y dones humanos. Estos se relacionan con el talento, el conocimiento y la permanencia en el caso de los Elfos, y el deseo, trascendencia y partida en el caso de los Hombres (*C* 181, 186, 267).

Para los Elfos, supremos y longevos artistas, la existencia es oprimida por el cautiverio del Tiempo hasta que llegue a su fin. Al contrario, para los Hombres, artistas que están insatisfechos con el mundo y destinados a morir, la angustia viene de la ausencia de lazos e inminente pérdida. El existencialismo, por lo tanto, encuentra su lugar en la Tierra Media de Tolkien sobre el eje del deseo subcreativo puesto por Ilúvatar en el corazón humano, junto con el cambio o contingencia de la realidad primaria, tal como Tolkien explica:

> De cualquier modo, todo este material trata sobre todo de la Caída, la Mortalidad y la Máquina. De la caída, inevitablemente, y ese motivo se da de diversos modos. De la Mortalidad, especialmente en cuanto afecta al arte y el deseo creador (o, como yo diría, subcreador), que no parece tener función biológica ni formar parte de las satisfacciones de la vida biológica corriente, con la cual, en nuestro mundo, está por cierto generalmente en contienda. Este deseo, a la vez, se relaciona con un apasionado amor por el mundo primordial real y, por tanto,

[75] De hecho, cuando la sombra de la muerte es mencionada en *Akallabêth* (*S* 306-07), Ar-Pharazôn está literalmente a la sombra de Sauron. Trataremos sobre la sombra de la muerte en el próximo capítulo.

> pleno del sentido de la mortalidad, aunque insatisfecho de él. Tiene varias oportunidades de «Caída». Puede volverse posesivo, adherirse a las cosas que ha hecho «como propias»; el subcreador desea ser el Señor y Dios de su creación privada. Se rebelará contra las leyes del Creador, especialmente en contra de la mortalidad. Ambas cosas (juntas o separadas) conducirán al deseo de Poder, para conseguir que la voluntad sea más prontamente eficaz, y, de ese modo, a la Máquina (o la Magia) (*C* 131).

Cuando el paso del tiempo pesa a los Elfos, su deseo de volver a Aman se acrecienta, y ven la muerte de los Hombres como don, como liberación de un mundo atrapado por el mal. Dado que el punto de vista del ciclo mitológico es élfico, la mortalidad no tiene explicación discursiva en *El Silmarillion*; es un misterio guardado por el Creador. Pero aunque los Elfos no entendieron perfectamente lo que la muerte implicaba para los Hombres, aquellos llegaron a envidiar el don de estos últimos, dado que una certera y duradera pérdida se vuelve una carga cada vez más pesada (*C* 245).[76]

Sin embargo, cuando los ecos de trascendencia se extinguen o se reconducen a deseos voraces en sus corazones, los Hombres también llegan a envidiar el don de los Elfos, y a buscar la inmortalidad en tanto que prolongada vida en el mundo creado y dañado por el mal (*C* 153). Pero con el ocultamiento de la mortalidad y el innatural alargamiento de la vida, la existencia terrena se vuelve oscura a los Hombres.

Como criaturas caídas, la presencia de los Hombres puede ser un tormento tanto para ellos como para el mundo, pues el verdadero conocimiento solo puede adquirirse viviendo expectantemente ante la muerte. Al existir hacia la muerte, la vida toma cierta urgencia, y, sin aquella, el orgullo y la desesperación ante la deseada y no lograda gloria se vuelven constantes. La posesividad se vuelve en preservación de la vida a toda costa, tal como puede verse en el caso de los Númenóreanos, y deriva en culto a los muertos o en asalto al Oeste, lo que resulta en el hundimiento de su tierra (*C* 325; Schweicher 1995: 170). Incluso los fieles descendientes que escaparon a la catástrofe y crearon los reinos de Arnor y Gondor también erraron por el mismo camino, tal como Faramir explica:

[76] Véanse Aldrich (1988), Rosegrant (2022) y Sterling (1997).

> La muerte siempre estaba presente, porque los Númenóreanos, como lo hicieran en su antiguo reino, que así habían perdido, ambicionaban aún una vida eternamente inmutable. Los reyes construían tumbas más espléndidas que las casas en que habitaban, y en sus árboles genealógicos los nombres del pasado les eran más caros que os de sus propios hijos. Señores sin descendencia holgazaneaban en antiguos castillos sin otro pensamiento que la heráldica; en cámaras secretas los ancianos decrépitos preparaban elixires poderosos, o en torres altas y frías interrogaban a las estrellas. Y el último rey de la dinastía de Anárion no tenía heredero (*DT*, IV, v, 704).

La descripción de Faramir es poderosa, al narrar la tentación de desestimar los nuevos frutos en la búsqueda de la preservación del árbol afectado, ignorando que, mientras que el mundo exista, al árbol deberá vivir con el hongo que lo roe, dando lugar a nueva belleza mientras que la conocida perece. La belleza, por lo tanto, hiere, pero es posible vivir a pesar de su herida, aceptando la condición de la existencia humana. El siguiente diálogo entre Gimli y Legolas al partir de Lothlórien lo demuestra:

> —Si hubiese conocido el peligro de la luz y de la alegría, no hubiese venido. Mi peor herida la he recibido en esta separación, aunque cayera hoy mismo en manos del Señor Oscuro. ¡Ay de Gimli hijo de Glóin!
>
> —¡No! [...] Pues tal es el orden de las cosas: encontrar y perder, como le parece a aquel que navega siguiendo el curso de las aguas. Pero te considero una criatura feliz, Gimli hijo de Glóin, pues tú mismo has decidido sufrir esa pérdida, ya que hubieras podido elegir de otro modo. Pero no has olvidado a tus compañeros, y como última recompensa el recuerdo de Lothlórien no se te borrará del corazón y será siempre claro y sin mancha y nunca empalidecerá ni se echará a perder.
>
> —[...] Lo que el corazón desea no son recuerdos. Eso es sólo un espejo, aunque sea tan claro como Kheled-zâram. O al menos eso es lo que dice el corazón de Gimli el enano (*CA*, II, VIII, 391-92).[77]

[77] Hasta donde sabemos, nadie más que Segura (2004: 87) ha destacado este fragmento.

En consecuencia, el hecho de encontrar lo más bello y alejarse de su lado empuja al ser humano a la senda del dolor. Pero este camino puede emplearse como medio de purificación, tal como hace Gimli. Por ello, como presente a la hora de su partida, Galadriel le regaló tres cabellos de una de sus trenzas (*CA*, II, VIII, 389), don que no concedió en su día a Fëanor, y tras lo cual creó los silmarils (*CI* 294). Pues Gimli supera el pecado de la codicia y la posesión, y elige sufrir la herida de la belleza.

Mediante Gimli se ofrece la respuesta correcta al problema de la tentación y caída que una y otra vez se sufre en el *legendarium*, desde los silmarils a los anillos. Por ello Galadriel le ofrece un nuevo don al término de la misión: ser aceptado en Aman. Porque en Gimli encuentra la superación del dolor de no saber si se encontrará aquello amado. Gimli muestra que solo se es libre cuando la apropiación y manipulación de la belleza se dejan por la contemplación. Al igual que Frodo y Bilbo, Gimli recibe, a modo de gracia, la invitación a cicatrizar su herida.

Mortalidad natural

La duda y la incertidumbre acerca del significado y propósito de la vida son naturales a la condición humana, tanto para criaturas eternas como para mortales. Entre las últimas, la muerte puede ser oscurecida y temida, especialmente cuando es ensombrecida por el mal. Sin embargo, hay varios ejemplos de Hombres que encuentran esperanza cuando toda esperanza está perdida y aceptan su muerte como don en concordancia con la tradición élfica.

Elros, hijo de Eärendil, la vio como parte de su compleción como Hombre, quien hubo de partir más allá de las costas del Mar Sin Orillas, tal como hizo Aragorn, el último de sus descendientes. Pero ello no es la constante en la Tierra Media,[78] sino una excepción basada en tres pilares: la aceptación de su naturaleza, la victoria sobre el mal y la confianza en el conocimiento mediante la belleza –tres aspectos descritos en la tradición cristiana–.

[78] Otro camino elusivo prevalece: firmar un libro o dejar el nombre grabado en piedra o memoria, como le ocurre a Bilbo más de una vez (*CA*, II, II, 281; III, 285-86; 290-91).

En el *Génesis* el tema de la muerte está encabezado por el título «Caída». Pecado y caída, caída y muerte, muerte y pecado, van mano a mano (Senior 2000). Pero la muerte no es, hablando teológicamente, consecuencia del pecado. Acorde a Seeman (2008), quien exploró las tradiciones tolkieniana y cristiana, la Caída «no es una devolución de la inmortalidad en mortalidad, sino un cambio en la percepción del Hombre y la actitud hacia la muerte; como algo a ser temido y evitado, en vez de un don a ser aceptado voluntariamente». Por lo tanto, una exploración del significado de la muerte en la tradición cristiana puede arrojar algo de luz sobre la noción de don de Tolkien. Soloviev abre el camino a ello:

> Dos aspiraciones vecinas, como dos alas invisibles, elevan el alma humana por encima del resto de la naturaleza: la sed de inmortalidad y la sed de verdad, o perfección moral. La una sin la otra es un absurdo. [Sin embargo] a nuestros dos poderosos deseos de inmortalidad y de verdad se oponen dos hechos considerables: el inevitable imperio de la muerte sobre toda carne y la indestructible dominación del pecado sobre toda alma [...] Según las leyes de la naturaleza, al hombre no le queda más que sufrir y perecer, y la ley de la razón no está en condiciones de salvarle (1953: 19-20).

En otras palabras, los Hombres se hallan a sí mismos limitados por deseos o impulsos imposibles de satisfacer en este mundo, porque el reino de lo natural está lleno de corrupción. A pesar de esta tendencia hacia el deterioro, sus espíritus inquietos buscan algo por encima de una existencia que empeora. Parece, por lo tanto, que un deseo de separarse de la decadencia ha sido puesto en sus corazones, apuntando hacia una esfera distinta de plenitud, a la vez que un sentido de insuficiencia para lograr este objetivo.

De nuevo, en palabras de Soloviev: «Su conciencia se lo presenta, además, como pecado, como aquello que *no debe ser*» (1953: 26). Sobre esta base filosófica los Hombres encuentran su base moral: hay algo mal en este mundo, que incita y conduce a peor error, que no responde totalmente a lo que los Hombres saben superior (Rm 7,22-23). La relación entre muerte, pecado y caída necesita por lo tanto de mayor elucidación. Acorde al texto del Segundo Concilio Vaticano *Gaudium et Spes*:

> El máximo enigma de la vida humana es la muerte. El hombre sufre con el dolor y con la disolución progresiva del cuerpo. Pero su máximo tormento es el temor por la desaparición perpetua. Juzga con instinto certero cuando se resiste a aceptar la perspectiva de la ruina total y del adiós definitivo. La semilla de eternidad que en sí lleva, por ser irreducible a la sola materia, se levanta contra la muerte. Todos los esfuerzos de la técnica moderna, por muy útiles que sea, no pueden calmar esta ansiedad del hombre: la prórroga de la longevidad que hoy proporciona la biología no puede satisfacer ese deseo del más allá que surge ineluctablemente del corazón humano.
>
> Mientras toda imaginación fracasa ante la muerte, la Iglesia, aleccionada por la Revelación divina, afirma que el hombre ha sido creado por Dios para un destino feliz situado más allá de las fronteras de la miseria terrestre. La fe cristiana enseña que la muerte corporal, que entró en la historia a consecuencia del pecado, será vencida cuando el omnipotente y misericordioso Salvador restituya al hombre en la salvación perdida por el pecado. Dios ha llamado y llama al hombre a adherirse a Él con la total plenitud de su ser en la perpetua comunión de la incorruptible vida divina. Ha sido Cristo resucitado el que ha ganado esta victoria para el hombre, liberándolo de la muerte con su propia muerte. Para todo hombre que reflexione, la fe, apoyada en sólidos argumentos, responde satisfactoriamente al interrogante angustioso sobre el destino futuro del hombre y al mismo tiempo ofrece la posibilidad de una comunión con nuestros mismos queridos hermanos arrebatados por la muerte, dándonos la esperanza de que poseen ya en Dios la vida verdadera (§ 18).

La constitución pastoral enfatiza que el deterioro del cuerpo acarrea sufrimiento a los Hombres, porque esto los sitúa en tensión entre la perspectiva del fin y la trascendencia presente en sus corazones. Este mismo impulso también significa que la inmortalidad terrena, una longevidad sin fin, no es la respuesta al enigma de esta tensión, sino que tan solo pospone la muerte, porque los Hombres saben que la plenitud no puede lograrse en la existencia terrena. El corazón humano siente que su deseo solo puede satisfacerse allende.

En este punto, el texto citado revela algo más: fue la muerte *corporal* la que entró en la cadena de eventos de los Hombres como consecuencia del pecado, la misma que será vencida cuando Cristo devuelve la salvación que perdieron a los Hombres. Pero no la muerte como tal, como camino a otro estado o ámbito.

La muerte corporal se muestra como consecuencia de una muerte previa: el pecado, que puede definirse como muerte espiritual. De ahí el anuncio de Dios en el texto original hebreo: «morirás morirás» –*moth tamuth*– (Gn 2,17). Sobre esta base podemos interpretar que los Hombres tienen el don de la elección: pueden escoger el mal camino, pueden pecar, pero también vemos que han recibido otro don además del libre albedrío: la muerte.

En otras palabras, la muerte, como voluntario distanciamiento respecto a Dios, toma lugar en la línea de eventos terrenos de los Hombres, por la desesperación en la que cayeron debido a la aterradora presencia, sombra y palabras de un agente maligno. Como consecuencia de estar en tal abismo espiritual, la muerte corporal encontró su lugar. Pero la muerte como tal, como camino, era ya parte de la naturaleza de los Hombres.

Sin embargo, la tradición cristiana narra que la muerte, como división de cuerpo y alma, tiene solución, a saber, el acercamiento de Dios al ser humano mediante su donación de sí mismo en Cristo. Mediante este acto de gracia, que resulta en la visita del Inmaculado a los fondos del abismo del pecado (2 Cor 5,21; Hb 9,6; 1 Jn 2,2; 3,8), Cristo repara la desviada línea de eventos. Vence la muerte corporal porque ha conquistado primero la muerte espiritual que viene de las manos del Adversario (1 Co 15,26).

En otras palabras, los Hombres pueden alzarse en sus cuerpos porque han recibido previamente el perdón de los pecados, desde que Aquel que está libre de pecado no puede ser regido por el Maligno (Ef 2,1-2; 1 Jn 5,18-19). De este modo los Hombres recuperan el don que habían perdido, que no es otro que la Vida, en su plenitud de cuerpo y alma, mediante la Resurrección; porque cargando con el pecado de los Hombres, Cristo también carga con su destino (Guardini 1954: 120).

Por consiguiente, la elevación de materia y espíritu mediante el proceso de muerte es el don que Dios dio a los Hombres en el Principio. Por lo tanto, la muerte como don requiere, como cualquier don inmerecido, de la voluntaria aceptación en la que los Hombres tienen la última palabra. Este es el precio que han de pagar por lo que es libre: un «sí» espiritual a la Vida.[79] En relación con esto, Rahner escribió que, de no haber pecado los Hombres:

> [Adán] habría terminado su vida temporal. Hubiera ciertamente permanecido en su forma corporal, pero su vida hubiera llegado a un punto de consumación y plena madurez desde dentro. En otras palabras: Adán, sin sufrir la separación del alma y del cuerpo, hubiera pasado a aquella consumación de su vida personal abierta al mundo, que nosotros esperamos ahora como milagro escatológico de la resurrección del cuerpo, efecto de la redención que solo se nos aplicará al final del mundo. Este término del hombre paradisíaco hubiera sido pura, clara y activa consumación del hombre entero desde dentro, sin pasar por la muerte propiamente dicha. De los dos elementos anteriormente estudiados de la muerte su carácter de término de la vida humana y separación del alma y el cuerpo, solo el primero habría tenido aplicación para él. En este sentido podríamos decir que su término no hubiera sido un despojo de la concreta corporeidad, venido de fuera (1969: 38-39).

A ese respecto puede entenderse que «aunque el hombre poseyera una naturaleza mortal, Dios lo destinaba a no morir» (*Catechismus Catholicæ Ecclesiæ* § 1008). Por lo tanto, podemos afirmar que, dentro del marco cristiano, los seres humanos están llamados a comulgar con Dios desde el Principio, y que en y para tal unión la plenitud de ser es necesaria (Rahner 1969: 51-52). Ninguna de sus facetas es desdeñada, ni el cuerpo ni el alma (Pieper 2000: 23-37; 54-55; 60-61).[80] Es, por consiguiente, un camino estético con un objetivo metafísico, que destaca que la muerte es natural a los seres humanos mortales.

[79] A decir verdad, la nutrición y sanación corporal ocurren automáticamente, pero la alimentación espiritual, como purificación, debe ser libre, deliberada y consciente; al menos en cuanto a disposición.

[80] Téngase presente que Fornet-Ponse (2005: 180-84) estudió conjuntamente las teologías de la muerte de Tolkien y Rahner.

Realización

Hay varias e importantes similitudes entre el marco cristiano y el *legendarium* de Tolkien. En ambos marcos, los Hombres son criaturas con la impronta de Dios, mortales por naturaleza y libres de aceptar su condición voluntariamente. Además, en ambos los Hombres adquieren conocimiento que trasciende el ordinario mediante una primordial visión beatífica.

En el *Génesis*, una vez haber sido creados, los seres y cosas son vistos como buenos por Dios, en tanto que son bellos *–towb–* (1,31) y bajo la luz de su rostro. Con la Caída, la habilidad de ver seres y cosas tal como se manifiestan, y de aceptar los eventos tal como ocurren, se pierde, junto a la cercanía al rostro de Dios, en el que brilla lo que no puede ser hallado dentro de la Creación, y consecuentemente imposible de ver directamente.

En *El Silmarillion*, «la Luz de Valinor (derivada de la luz antes de que tuviera lugar caída alguna) es la luz [...] no divorciada de la razón, que ve las cosas a la vez de manera científica (o filosófica) e imaginativa (o subcreativa) y 'dice que son buenas'; en tanto que hermosas» (*C* 131). Con la Caída, el corazón humano quiere apropiarse de la belleza y encuentra el dolor y la inseguridad del existencialismo. Además, los Hombres no son ya capaces de trascender el mundo creado o la Gran Música mediante la sacra dimensión de la belleza.

La presencia de luz y las vías originales de percepción previas a la Caída, consecuentemente, destacan la capacidad original de ver seres y cosas tal como deberían ser vistos, «como objetos ajenos a nosotros mismos» (*SCH* 178). En la tradición cristiana y la subcreación de Tolkien, la visión beatífica se pierde debido a la sombra del mal, y, por lo tanto, su recuperación, en ambas, se logra mediante una subcreativa relación hacia la belleza y la victoria sobre la sombra.

De este modo, por lo tanto, la Caída trae consigo dos importantes divisiones de una unidad original: aquella entre cuerpo y alma, y aquella entre las visiones científica e imaginativa. En consecuencia, es necesaria la reunificación anterior a la elevación del designio original. En la tradición cristiana, esto toma lugar en Cristo, quien revela el rostro de Dios dentro de la Creación, vehicula belleza mediante su Pasión, y reúne cuerpo y alma, tras vencer toda tentación del demonio. Dentro del marco cristiano, la redención es grabada en toda la Creación. Tal como Gibbs propone, no hay –y no puede haber– «redención sin creación (Rm 8,18ss., etc.) y en último término creación sin redención (Ef 1,10; Col 1,20; etc)» (1971: 142).

Redención

Desde que la Creación misma trata del Señorío de Cristo, el mundo llama a ser a toda criatura u obra artística para la propia dignidad de la Creación y para la gloria de Dios, y no por necesidad del ser humano (*C* 310; Middleton 2014: 155-75). El *Ainulindalë* deja en claro esta afirmación, en tanto que Ilúvatar no cesa de dirigir los temas musicales, y siempre lo hace mediante la adición de nuevos. Por lo tanto, sin poner en cuestión su trasfondo divino, el proceso de creación permite la libertad y agencia de segundas causas –los subcreadores–, y sostiene dentro de sí la elevación de la Creación: la venida de algo nuevo, imposible de inferirse de lo previo, del mismo modo en que florece desde una fuente externa a la Gran Música. Al atender al momento tras el fin de la Música, encontramos que Ilúvatar dice a los Ainur:

> Poderosos son los Ainur, y entre ellos el más poderoso es Melkor; pero sepan él y todos los Ainur que yo soy Ilúvatar; os mostraré las cosas que habéis cantado y así veréis qué habéis hecho. Y tú, Melkor, verás que ningún tema puede tocarse que no tenga en mísu fuente más profunda, y que nadie puede alterar la música a mi pesar. Porque aquel que lo intente probará que es solo mi instrumento para la creación de cosas más maravillosas todavía, que él no ha imaginado (*S* 15).

¿Qué gobierna, por lo tanto, sobre todo? El Nombre. Él es Ilúvatar, tal como revela a todos. Desde antes del principio del Tiempo, confirma mediante su Nombre que la Creación no se perderá a pesar de la adversidad. Además, la Creación verá maravillas mientras que la sombra la atenúa, hasta el fin del Tiempo. En el marco cristiano, el objetivo de Cristo no es liberar al espíritu de la materia, sino liberar la materia misma, la Creación, mediante el ser humano. El mundo es el objeto de redención en tanto que, mediante Cristo, «Dios estaba reconciliando el mundo consigo» (2 Cor 5,19), pues «el Verbo se hizo carne *–σάρξ–* y habitó entre nosotros» (Jn 1,14). En otras palabras, Cristo asumió forma humana como la escogida prenda para vestirse del material de su Creación, y haciendo tal libera al cuerpo *–σῶμα–* humano.

Luego de entrar en la Creación, Cristo debe sufrir lo que el mundo sufre: hambre, sed, dolor, fatiga... sin ir más allá de las limitaciones humanas. Pero resucitando y transformando la Creación dentro de la dimensión del cosmos creado y tomándola fuera del Tiempo, se abre la puerta para la elevación de toda ella. Si los Hombres parten en cuerpo y alma mediante el don de la muerte, algo creado sale de los arruinados Círculos del Mundo, y se vuelve elevado en el reino de la belleza. Al respecto, Tolkien dijo:

> Basando su argumentación en el axioma de que la separación de *hröa* [cuerpo] y *fëa* [alma] es innatural y contraria al propósito original, [Finrod] llega (o salta, si así lo preferís) a la conclusión de que el *fëa* del Hombre no caído se habría llevado consigo a su *hröa* al nuevo modo de existencia (libre del Tiempo). Dicho en otras palabras, que la «asunción» era el final natural de toda vida humana, aunque por lo que sabemos ha sido el fin del único miembro «no caído» de la Humanidad (*AM* 381).

Por lo tanto, desde un punto de vista cristiano, la tradición élfica también apunta a la restauración de una muerte primordial, como camino de elevación tanto de materia como de espíritu, tras vencer a la sombra que Melkor ha echado sobre ella y la infusión de oscuridad. Gracias a ello, la indicación de que los Hombres se unirán a la Segunda Música de los Ainur apunta a un camino a realizarse. El misterio real, por lo tanto, no es el don mortal a los Hombres, sino qué les reserva Ilúvatar a los Elfos después de que el Mundo acabe, lo cual aún no ha revelado.

X.

Poética mariana

Para terminar nuestra investigación, hemos de mostrar cómo, desde el mito, muerte y belleza se relacionan en el pensamiento de Tolkien con la Virgen María, para llegar a entender su obra como un «ensayo de estética lingüística sobre la (in)mortalidad» *acorde a la belleza mariana*. Pues uno de los temas de la obra de Tolkien que ha suscitado gran interés entre académicos, además de la ya mencionada interrelación entre paganismo y cristianismo, es la dimensión religiosa o simbólica que deriva de ello (Wood 2003), pero esta no es explícita en el *legendarium*. Bajo esa clave hemos de leer las siguientes palabras de Tolkien de 1953 a Robert Murray, SJ:

> Creo que sé exactamente lo que quieres decir con el orden de la Gracia; y, por supuesto, con tus referencias a Nuestra Señora, sobre la cual se funda toda mi escasa percepción de la belleza tanto en majestad como en simplicidad. *El Señor de los Anillos* es, por supuesto, una obra fundamentalmente religiosa y católica; de manera inconsciente al principio, pero luego cobré conciencia de ello en la revisión. Esa es la causa por la que no incluí, o he eliminado, toda referencia a nada que se parezca a la «religión», ya sean cultos o prácticas, en el mundo imaginario. Porque el elemento religioso queda absorbido en la historia y el simbolismo (*C* 142).[81]

[81] Sassanelli (en Pezzini y O'Brien 2023: 107-26) ha estudiado recientemente la carta, en términos tomistas.

El modelo de belleza para Tolkien, por lo tanto, era la Virgen María. Tras terminar de estudiar la naturaleza del mal en el *legendarium*, dedicaremos los últimos apartados a exponer cómo aquel es superado por la simplicidad y majestad mariana.

Sombra de la muerte

La sombra de Melkor contaminó toda la Creación, incluida la muerte del ser humano, que se vio oscurecida por su enorme poder y voluntad. La tradición más pura de los Elfos, sin embargo, proveniente de los Valar, relata que sobre la muerte pesa una sombra que no es original, sino fruto del pensamiento de Melkor, y que la muerte es, en principio, un don de Dios que permitirá la transmisión de mayor belleza y magnificencia. Tolkien expuso todo ello, a modo de diálogo filosófico, en el texto *Athrabeth Finrod ah Andreth*.[82]

En él, Finrod, un Alto Elfo, explica a Andreth, descendiente de los primeros Hombres, que los caminos y el destino de los Hombres son dados por Dios, y que la muerte no puede ser algo contrario a su naturaleza. Sin embargo, Andreth, sostiene que la brevedad de la vida de los Hombres es consecuencia del pecado, a lo que Finrod responde que la sombra proyectada sobre la muerte no es más que una imposición de Melkor:

> Porque hablas de la muerte y de la sombra de él como si fueran la misma cosa, y como si escapar de la Sombra también fuera escapar de la Muerte. Pero no son lo mismo [...] o la muerte no tendría lugar en este mundo que él no diseñó, sino Otro. No, *muerte* es solo el nombre con que designamos a algo que él ha mancillado, y por tanto suena maligno; pero intacto sonaría como algo nuevo (*AM* 355).

Finrod diferencia dos términos: *sombra* y *muerte*. Ante Andreth, para quien la muerte no hubiera existido si no fuera por Melkor, Finrod expone que la muerte es parte de la naturaleza humana, y que está más allá de las manos del Enemigo. Al igual que con el resto de

---

[82] Devaux (en Pezzini y O'Brien 2023: 127-42) ha estudiado recientemente el diálogo, destacando las diferencias teológicas respecto a la esperanza como expetación *–amdir–* y la esperanza como virtud *–estel–*. Sobre esto último, Noury (2022).

la Creación, su maldad solo puede alterarla, tergiversarla, proyectar su sombra sobre ella. Pues si la muerte como tal estuviera a merced de su voluntad, seguramente no la hubiera diseñado, para así esclavizar *per sæcula sæculorum* a todo ser nacido dentro de los Círculos del Mundo.

Al no ser su invención, sino de Ilúvatar, luchar y vencer a la sombra de la muerte no significa superar la muerte, sino haberse librado de la voluntad maligna que pesa sobre ella. Y quizá así, al haber derrotado a lo que malogra la muerte, esta se muestre en su bendición. A ello remiten las últimas palabras de Aragorn a Arwen antes citadas, cuando le indica que renunciaron a la Sombra.

El diálogo entre Finrod y Andreth continúa hasta el punto en el que Finrod presenta una teología trinitaria. Dios mismo entrará en la Creación y la liberará de las manos de Melkor, dice la tradición mítica de los Elfos –como profecía del Evangelio–. Es decir, estando fuera y dentro de la Creación, mientras la sostiene con la Llama Imperecedera, Ilúvatar redimirá el mundo (*AM* 366-70; Fisher 2008; Imbert 2015; Williams en Estes 2024: 301-16).

De modo que la sombra de la muerte es la oscura voluntad de Melkor tejida sobre el don de la muerte de Dios a los Hombres. No se trata solo del miedo a la muerte, sino de presencias malignas en su senda. A continuación, profundizaremos en ello, mediante varios fragmentos de *El Señor de los Anillos* y de *El Silmarillion* sobre Gandalf y Eärendil.

Cuando Aragorn, Legolas y Gimli se encuentran con Gandalf por primera vez en Fangorn, el mago se niega a hablar y a recordar su lucha contra el Balrog, pues la criatura lo condujo al terror de una muerte sombría a través de la oscuridad, el fuego y el hielo (*CA*, II, VII, 367; *DT*, III, V, 516). El narrador describe la llegada del Balrog como «la llegada del Terror»; descripción que Aragorn completa cuando dice: «Era a la vez una sombra y una llama, poderosa y terrible» (*CA*, II, VII, 368). El silencio de Gandalf parece referirse, por lo tanto, a algo peor que la mera sensación de miedo (*vid.* Stevens 2021).

De hecho, *balrog*, forma sindarin equivalente al quenya *valarauko*, significa «Demonio de Poder». Además, es interesante notar que, en toda su obra, incluidos los textos académicos, Tolkien solo usa la palabra «demonio» para designar a criaturas que son «los azotes del fuego, demonios de terror», sirvientes de Morgoth (*S* 32). La descripción más completa de estos terribles seres es la siguiente:

> En el norte Melkor cobraba fuerzas, y no dormía, pero vigilaba, y trabajaba; y las criaturas malignas que él había pervertido andaban por las tierras vecinas, y los bosques oscuros adormilados eran frecuentados por monstruos y formas espantosas. Y en Utumno reunió a sus demonios, los espíritus que se le unieron desde un principio en los días de esplendor y que más se le asemejaban en corrupción: sus corazones eran de fuego; pero un manto de tinieblas los cubría, y el terror iba delante de ellos; tenían látigos de llamas (*S* 51).

Al describir a los demonios como «terror», Tolkien los vincula literalmente con un manto de oscuridad. La sombra de la muerte, por lo tanto, no es simplemente un sentimiento de miedo, tal como hemos dicho, sino el agente maligno en sí mismo, que, una vez vencido, no conserva poder sobre uno mismo. Eso es, precisamente, lo que Gandalf ejemplifica a su regreso de los caminos de la muerte. Al acompañar a Aragorn en la batalla frente a Morannon, la sombra es incapaz de tocarlo ni posarse sobre él; ya no lo oprime ni lo asusta (*RR*, VI, IV, 998). De igual manera, a diferencia de su inquietud en Moria, a las puertas de Minas Tirith su calma ante el Capitán Negro es completa:

> —No puedes entrar aquí — dijo Gandalf, y la sombra se detuvo—. ¡Vuelve al abismo preparado para ti! ¡Vuelve! ¡Húndete en la nada que te espera, a ti y a tu Amo! ¡Vete!
>
> El Jinete Negro se echó hacia atrás la capucha, y todos vieron con asombro una corona real; pero ninguna cabeza visible la sostenía. Las llamas brillaban, rojas, entre la corona y los hombros anchos y sombríos envueltos en la capa. Una boca invisible estalló en una risa sepulcral.
>
> —¡Viejo loco! —dijo—. ¡Viejo loco! Ha llegado mi hora. ¿No reconoces a la Muerte cuando la ves? ¡Muere y maldice en vano!
>
> Y al decir esto levantó en alto la hoja, y del filo brotaron unas llamas. Gandalf no se movió (*RR*, V, IV, 870).

Tras ser elevado a tal majestuosidad, Gandalf emerge como el Enemigo de Sauron, el Blanco a derrotar al Negro. Su integridad se basa en la confianza depositada en los poderes sagrados que lo enviaron. Por lo tanto, el ejemplo de Gandalf muestra que la muerte no es algo que se pueda vencer con el propio poder ni la fe, sino mediante la acción de seres sagrados o solo de Dios. De hecho, Tolkien sostiene que es Dios quien envía a Gandalf de regreso, tras aceptar su sacrificio en Moria en expiación por su fracaso al liderar la misión (*vid.* Pezzini 2025: 271-318; Pezzini y Spirito, en Pezzini y O'Brien 2023: 161-77). Gandalf recibió una gracia inmerecida y, mientras tanto, Dios mismo, la Autoridad, asumió la misión (*C* 156).

Invocación de Earendel

Más allá de *El Señor de los Anillos*, la sombra de la muerte se menciona (indirectamente) por primera vez en *El Silmarillion* –tal como hemos visto en el capítulo anterior–, al explicar cómo Melkor distorsionó la muerte: «Pero Melkor ha arrojado su sombra sobre ella, y la ha confundido con las tinieblas, y ha hecho brotar el mal del bien, y el miedo de la esperanza» (*S* 45). Junto a los fragmentos de *Los hijos de Húrin* antes tratados, afirmamos con mayor precisión que la sombra de Melkor es su propia y férrea voluntad, que ha convertido el don de Dios en algo temible para los Hombres.

Ahora bien, en las recién citadas líneas, es importante subrayar la palabra «confundir», porque literalmente implica *mezclar*, *fusionar* y luego *cuajar*, *asentar*. Melkor da forma a la muerte a través de la negrura, lo que sugiere que algo se materializa para morar y conspirar bajo su velo: fantasmas de terror. De entre estas criaturas malvadas, Sauron es el principal, «hechicero de espantoso poder, amo de las sombras y los fantasmas [...] su dominio era el tormento» (*S* 175-76), quien «se levantó como una sombra de Morgoth y como un fantasma de su malicia, y anduvo tras él por el mismo ruinoso sendero que descendía al Vacío» (*S* 33).

El Silmarillion, por lo tanto, sugiere que la Tierra Media de Tolkien está personal y ontológicamente circundada por la sombra del Mal supremo. De ahí que la ayuda de Dios, o de aquellos obrando acorde a Él, sea completamente necesaria para vencer a la sombra de la muerte, que puede ejemplificarse con la lucha de los hobbits contra Ella-Laraña, de la prole de Ungoliant. Una vez en la cueva del monstruo:

> Caminaban en un vapor negro que parecía engendrado por la oscuridad misma, y que cuando era inhalado producía una ceguera,

> no sólo visual sino también mental, borrando así de la memoria todo recuerdo de forma, de color y de luz. Siempre había sido de noche, siempre sería de noche y todo era noche (*DT*, IV, IX, 748).

Los hobbits necesitan toda su humildad y misericordia para recuperar fuerzas bajo la sombra que les oscurece todo sentido de la realidad. En cuanto perciben la sombra de la criatura, incluso el sentido de la vida y la tradición desaparecen en la oscuridad. Sin embargo, la narración dice que de pronto, Frodo percibió una luz:

> Le pareció ver una luz: una luz que le iluminaba la mente, al principio casi enceguecedora, como un rayo de sol a los ojos de alguien que ha estado largo tiempo oculto en un foso sin ventanas. Y entonces la luz se transformó en color: verde, oro, plata, blanco. Muy distante, como en una imagen pequeña dibujada por dedos élficos, vio a la Dama Galadriel de pie en la hierba de Lórien, las manos cargadas de regalos. *Y para ti, Portador del Anillo*, le oyó decir con una voz remota pero clara, *para ti he preparado esto* (*DT*, IV, IX, 750).

Esta luz en la mente proviene del umbral donde el corazón del ser humano se encuentra con otros espacios interiores. La claridad que experimentó Frodo le ayudó a recuperar su sentido de la realidad a través de los colores, y entonces volvieron a él los recuerdos de una poderosa amistad. En ese mismo instante, la luz de Eärendil, dentro del frasco que Galadriel le había dado a Frodo, aumentó en brillo junto con su creciente esperanza y poder:

> Empezó a arder, hasta transformarse en una llama plateada, un corazón diminuto de luz deslumbradora, como si Eärendil hubiese descendido en persona desde los altos senderos del crepúsculo llevando en la frente el último Silmaril [...] '*Aiya Eärendil Elenion Ancalima!*' exclamó sin saber lo que decía; porque fue como si otra voz hablase a través de la suya, clara, invulnerable al aire viciado del foso (*DT*, IV, IX, 750-51).

Frodo sintió que alguien más hablaba y luchaba con él y a través de él. Antes de la visión de Galadriel, la batalla contra la sombra era demasiado para él, como también lo sería para Sam. Sin embargo, ningunó de los dos dudó cuando toda esperanza les falló, cuando las realidades externas e internas se oscurecieron para ellos, y pudieron recibir el don de la gracia para vencer a la sombra.

Por ello, es interesante destacar en ese contexto catastrófico el largo eco al que el nombre de Eärendil remite. Esto se debe a que Frodo grita en quenya: «¡Salve, Eärendil, el más brillante de los astros!». Es decir, las mismas palabras, adaptadas, de las que surgió todo el *legendarium* de Tolkien, tal como hemos expuesto en el cuarto capítulo: «*Eala Earendel engla beorhtast*». La Belleza, intocable por la Oscuridad, fue enviada para ayudar a quienes se enfrentaban a la amenaza de la sombra. Al leer tales versos anglosajones en el cuerpo del poema *Crist* al que pertenecen (vv. 104-18), encontramos el mismo trasfondo trascendental que venimos estudiando:

Eala earendel engla beorhtast	Hail, heavenly beam, brightest of angels thou,
Ofer middan-geard monnum sended	sent unto men upon this middle-earth!
And soð-fæsta sunnan leoma	Thou art the true refulgence of the sun,
Torht ofer tunglas·Þu tida gehwane	radiant above the stars, and from thyself
Of sylfum þe symle inlihtes	illuminest for ever all the tides of time.
Swa þu god of gode gearo acenned	And as thou, God indeed begotten of God,
Sunu soþan fæder swegles in wuldre	thou Son of the true Father, wast from aye,
Butan anginne æfre wære	without beginning, in the heavens glory,
Swa þec nu for þearfum þin agen geweorc	so now thy handiwork in its sore need
Bideð þurh byldo þæt þu þa beorhtan us	prayeth thee boldly that thou send to us
Súnnan onsende and þe sylf cyme	the radiant sun, and that thou come thyself
Þæt ðu inleohte þa þe longe ǽr	to enlighten those who for so long a time
Þrosme beþeahte and in þeostrum her	were wrapt around with darkness, and here in gloom
Sæton sin-neahtes synnum bifealdne.	have sat the livelong night, shrouded in sin;
Deorc deaþes sceadu dreogan sceoldan.	death's dark shadow had they to endure.

¡Salve, rayo celestial, tú, el más brillante de los ángeles, enviado a los hombres de esta Tierra Media! Tú eres el verdadero resplandor del sol, radiante sobre las estrellas, y desde ti mismo iluminas para siempre todas las mareas del tiempo. Y como tú, Dios engendrado de Dios, Hijo del verdadero Padre, eras desde siempre, sin principio, en la gloria celestial, así ahora tu obra, en su apremiante necesidad, te ruega con valentía que nos envíes el sol radiante y que vengas

> tú mismo a iluminar a quienes durante tanto tiempo estuvieron envueltos en la oscuridad, y aquí, en la penumbra, han permanecido la noche entera, envueltos en el pecado; la oscura sombra de la muerte tuvieron que soportar.

Los versos ofrecen las palabras puestas en boca de profetas y patriarcas que, desde el mundo subterráneo, claman por un Embajador. Tal como indica el poema, solo Dios mismo, enviándose a Sí mismo en Su Hijo, como Luz de Luz, puede salvar a aquellos cubiertos por la sombra de la muerte. Aquellos que por largo se han visto envueltos en la oscuridad, sentados a la espera en la lúgubre y duradera noche, sucios de pecado.

Lo interesante es el cambio de expresión al final, con el último verso citado. Pasa a ser del narrador, que comenta y engloba los tres anteriores al decir que la negra sombra atrapa al ser humano, pecador y mortal. De modo que la sombra está ligada al pecado, y está en la oscuridad; es decir, la sombra de la muerte *está en* la sombra del infierno.[83]

Por lo tanto, hemos de afirmar con claridad que, tanto en la tradición germana en la que Tolkien se engarzaba, como en su propio *legendarium*, un mal habita en la sombra, distinto al miedo emocional a la muerte. Como resumen de lo expuesto, el siguiente diálogo entre Elendil y su hijo Herendil lo muestra con claridad:

> —Pero Morgoth no viene. Ha venido su sombra; yace sobre el corazón y la mente de los hombres. Se interpone entre ellos y el Sol, y todo lo que está debajo.
>
> —¿Hay una sombra? —dijo Herendil—. No la he visto. Pero he oído a otros hablar de ella, y dicen que es la sombra de la Muerte. Pero Sauron no la trajo; prometió que nos liberaría de ella.
>
> — Hay una sombra, pero es la sombra del temor a la Muerte, y la sombra de la avaricia. Pero también hay una sombra de un mal más oscuro (*Camino Perdido* 82).

[83] Es importante notar que la expresión «oscura/negra sombra de la muerte» del v. 118 de *Crist* es pareja a la dada –también por el narrador– en el v. 160a de *Beowulf*: *Deorc deaþes sceadu* y *deorc déaþscua*, respectivamente.

Ainulindalë

La sombra de la muerte, por lo tanto, representa el engaño. Busca poder poniendo a toda criatura y voluntad en contra de lo sagrado, la belleza y Dios mediante el miedo y la amenaza de la tortura y el terror. Pero, como hemos argumentado, la sombra es más que miedo y desesperanza. Es también, y sobre todo, la criatura maligna que se esconde en la oscuridad, bajo el manto del diablo. Es lo opuesto al don de la muerte, y por lo tanto, solo la gracia y la presencia excepcionales de la Belleza pueden vencerla. Por ello, y por último, terminaremos este estudio exponiendo el fundamento mariano de la obra de Tolkien, base sobre la cual todo lo dicho hasta ahora converge.

Al comienzo de este capítulo hemos recogido cómo Tolkien explicó que sobre María «se funda toda mi escasa percepción de la belleza tanto en majestad como en simplicidad». Tales palabras de 1953, como confesión privada a un sacerdote y erudito católico, se muestran, a pesar de su brevedad, como la clave para comprender el origen de la profunda dimensión trascendental del mundo secundario de la Tierra Media. Por esta razón, ahora centraremos nuestra atención en algunas características de la Virgen María, para mostrar cómo algunos principios marianos, relacionados con la belleza divina, son cruciales para comprender el retrato que Tolkien presenta tanto de la estética como de la metafísica en su *legendarium*, imbuido de la sombra de la muerte.

En el *Evangelio según San Lucas*, encontramos un ejemplo singular de respuesta a la palabra del *Lógos*. Se trata de la respuesta de María en la Anunciación, cuando declara: «Hágase en mí según tu palabra» (Lc 1,38). Cuando el *Lógos* habla, ya sea mediante un evento o con palabras, el mensaje que contiene exige escucha –silencio–, aceptación –disposición– y humildad –reverencia–. La virgen queda embarazada de la Palabra, que será transmitida a la Creación.

Escuchar al *Lógos* implica abrirse a la realidad: acoger al ser y al acontecimiento tal como sucede. La propia respuesta, por lo tanto, constituye un eco participativo o una reverberación de lo dicho divinamente mediante acto o palabra. Además, si la respuesta implica algún sonido semántico, el lenguaje desplegará la belleza de la sacralidad percibida. En consecuencia, la palabra transmitida se convierte en la expresión de una profunda vivencia, altamente creativa e irreductible a cualquier relación de causa y efecto.

Así, María aparece como la suprema subcreadora, en el sentido de que acepta y transmite todo lo que se le ofrece. Está llena de gracia (Lc 1,28), lo que implica que está totalmente vacía y abierta a cualquier designio de Dios. De hecho, su palabra será el despliegue de la Palabra. En consecuencia, María ejemplifica un proceso creativo o artístico perfecto.

El *legendarium* de Tolkien se hace eco de esta trayectoria artística. Tal como hemos expuesto en la primera parte, su mundo secundario se basa en la invención de nuevas lenguas o en la recuperación de palabras antiguas que transmiten de forma única la belleza encontrada. Para Tolkien, tanto nombrar como narrar constituían una participación voluntaria en el desarrollo del designio creativo de Dios. Como en el embarazo de una mujer, cuando la vida germina y florece gracias a la contribución de la propiedad especial de la madre, la forma y el significado de las palabras, concebidas según la trascendencia de la realidad, son también semillas destinadas a florecer.

En consecuencia, esta metafísica del lenguaje se convierte en narración en las primeras palabras del *Ainulindalë*. El proceso creativo primordial en el *legendarium* se describe, en breve, de la siguiente manera: «En el principio estaba Eru, el Único [...] primero hizo a los Ainur, los Sagrados [...] y les habló y les propuso temas de música; y cantaron ante él y él se sintió complacido [...] y la música y el eco de la música desbordaron volcándose en el Vacío, y ya no hubo vacío» (*S* 13-14).

Los Ainur, al responder a lo que Dios pone en palabras ante sus mentes, crean un don artístico y hermoso. Sin embargo, es una tarea compleja forjar la palabra adecuada que cruce el abismo y transmita la belleza experimentada. Por lo tanto, ante la abundancia revelada, los Ainur «se inclinaron ante Ilúvatar y guardaron silencio». Posteriormente, por invitación de Dios y con la legitimidad recibida de su aliento, ordenan e interpretan la belleza ofrecida y la nutren con sus propias contribuciones. En otras palabras, participan poniendo a disposición regia sus dones, como adornos para embellecer y subcrear el designio divino (Bertoglio 2019). De esta manera, el vacío cumple su función de matriz, y la palabra –como principio, mandato, ser y riqueza– proviene de la fuente, pero se transmite por caminos particulares que añaden nuevas peculiaridades; detalles de la libertad del subcreador que enriquecen el don.

En consecuencia, así como el *Ainulindalë* y la base lingüística del proceso artístico de Tolkien se asemejan al proceso creativo de la Anunciación, el *legendarium* refleja una poética mariana.

Stabat

La Virgen María confía plenamente en la plenitud de la palabra de Dios, de principio a fin. Según el Evangelio, la vemos de pie al pie de la cruz (Jn 19,25), aceptando la Palabra de Dios a través de las palabras y obras de su Hijo. La importancia reside en que María fue una vez más el puente hacia la gracia de Dios, pues no desfalleció en su fe. Ante una ausencia de Dios aparentemente absurda (Mt 27,46; Mc 15,34), María guarda silencio y se hace eco de todo lo que sucede. Al tener una esperanza que supera toda esperanza, participa de la gracia de la Redención, y aparece como la figura clave que sostiene las catástrofes en el nacimiento y la resurrección de Cristo.

En consecuencia, la actitud de María es de total resistencia ante la oscuridad y el horror absolutos; incluso ante la destrucción de su subcreación, su Hijo, al ser crucificado por los poderes del infierno. Ella no desiste, sino que se mantiene firme, porque sabe que Dios obra a través de ella. La majestad y la belleza de María, como vemos aquí, se basan en su humildad y simplicidad, y en su conocimiento y aceptación de su pequeñez. Siempre permanece fiel, desafiando toda lógica, «continuando hacia lo desconocido» (Guardini 1965: 32; 56). Su fe, por lo tanto, basada en lo que conoce de Dios en su interior, es sorprendente.

Como ejemplo de humildad y amor ante el sufrimiento, y victoria sobre todas las catástrofes, la fe de María significa rendirse a la idea de que lo incomprensible y benévolo conspira tras los velos de la realidad en el presente, y esa confianza es lo que Guardini (1965: 48) denomina actitud mariana. La tradición del antiguo Norte se asemeja a esto, con sus ejemplos de heroísmo humilde que no cede ante el mal cuando no hay motivos para la esperanza.

Por lo tanto, siguiendo lo expuesto sobre sus ensayos seminales sobre *Beowulf* y *La batalla de Maldon*, Tolkien vio a través de su trabajo académico cómo la antigua tradición del Norte pudo haber encontrado la máxima expresión de su belleza en la figura de María. No obstante, debe aclararse que esta conexión entre el Norte y la Virgen no se trata simplemente de ver la actitud de María dentro de la antigua tradición nórdica, sino más bien de encajarla en una nueva perspectiva.

La recepción y el despliegue del *Lógos*, por lo tanto, implican superar la sombra y transmitir una nueva belleza. Por esta razón, María representa el modelo de todo arte, lo que explica por qué no aparece en el *legendarium* como un personaje o símbolo particular –aunque algunos personajes puedan acercarse más que otros en la mente del oyente o lector–, sino como fundamento y trasfondo operativo de la narración del mundo secundario. Por ello, el cristianismo se asume en la obra y Tolkien puede representar un mundo pagano donde se escuchan las campanas de la redención.

La majestad de María, por lo tanto, destaca porque está abierta a la belleza extrema y puede soportar su pérdida ante el mal. Sin apego, sin aferrarse, es capaz de aceptar lo que sucede en la Pasión en relación con la belleza extramundana que dio a luz en su hijo. Tal comprensión y relación con la belleza alcanza su culmen cuando se muestra que la alegría y el dolor se mezclan en María como en ninguna otra persona.

Su gracia se convierte en martirio desde el momento en que la felicidad de saberse Madre de Dios entra en ella, ya que su hijo morirá a manos del Adversario (Lc 2,33-35). Su experiencia resulta ser del amor más grande, de lugares profundos donde la alegría y el dolor se unen, porque «fuerte es como la muerte el amor» (Cant 8,6). Como tal, su actitud también se refleja en las palabras y los hechos de algunos personajes del *legendarium* de Tolkien al enfrentarse al don y la sombra de la muerte.

Estrella en la Noche

En una nota a un borrador de una carta de 1958 Tolkien comentó que el fallecimiento de Aragorn y la Asunción de María guardan cierto paralelismo:

> Era también idea de los Elfos (y de los Númenóreanos incorruptos) que un «buen» Hombre estaría dispuesto a *morir* voluntariamente o debería hacerlo sometiéndose con confianza *antes*

> *que lo obligaran* (como lo hizo Aragorn). Puede que esta haya sido la naturaleza del Hombre *no caído*; aunque la *compulsión* no lo amenazara: desearía y pediría «continuar» hacia un estado más elevado. La Asunción de María, la única persona *no caída*, puede considerarse en cierta forma como la simple reobtención de una gracia y una libertad impertérritas: pidió ser recibida y lo fue, pues ya no tenía función en la Tierra (*C* 212).

Una vez más, se nos muestra que es la actitud mariana o el proceso artístico mariano lo que se refleja en el *legendarium* de Tolkien respecto a la muerte como don, y lo mismo ocurre con la presencia de la sombra de la muerte, como explicaremos a continuación retomando lo dicho anteriormente.

En la guarida de Ella-Laraña, bajo el manto de la sombra de la muerte, los hobbits necesitan toda su humildad y amor para resistir, contra toda esperanza, un poco más y dar el paso a algo más grande que ellos mismos. Lo logran porque son receptivos a la belleza del mundo cotidiano, de la Comarca, y de reinos trascendentales como Lórien, sin necesidad de depender de ella. La capacidad de acoger la belleza y hacer que habite en ellos se convierte en el don heroico de enfrentarse a la oscuridad aferrándose a la maravilla y la abundancia que atesoran sus corazones. Su ejemplo, como el de María, habla de la santificación o ennoblecimiento de los pequeños, de la mano de otra de las grandes características de las figuras victoriosas tolkienianas y de la Virgen: la urgencia de los pequeños detalles cotidianos para mantener a raya el mal (1 Pe 48).

De hecho, cada acto de voluntad que limita el mal, por pequeño que sea, es un acto de belleza inquebrantable. Y es esta belleza la que evoca una Belleza superior ante la catástrofe. Tras considerar las palabras de Frodo en la sección anterior, las de Sam nos llevarán al mismo punto. Cuando lucha contra el monstruo, rodeado de desesperación, el frasco de Galadriel acudió a su mente y a su mano.

> Y de pronto, como por encanto, la lengua se le aflojó, e invocó en un idioma para él desconocido:
>
> —*A Elbereth Gilthoniel*
> *o menel palan-díriel,*
> *le nallon* sí *di'nguruthos!*

> *A tiro nin, Fanuilos!*
>
> [...] Como si el espíritu indomable de Sam hubiese reforzado la potencia del cristal, el frasco de Galadriel brilló de pronto como una antorcha incandescente (*DT*, IV, x, 760-61).

Tolkien no ofrece traducción de las palabras élficas de Sam en *El Señor de los Anillos*, pero sí lo hace en una epístola:

> ¡Oh, Elbereth, que encendías las estrellas,
> que ves desde el cielo a lo lejos,
> ante ti clamo ahora desde la sombra
> de (el miedo de) la muerte!
> ¡Oh, mírame, Siempreblanca! (*C* 211)

La invocación aparece como oración a Varda la Vala, en la que la sombra de la muerte no es una emoción, sino una criatura maligna por derecho propio. Esto se reafirma aún más a la luz de los siguientes borradores de versos que los Elfos de Gildor cantan al cruzar la Comarca:

> Oh estrellas que en un año sin sol
> ella alumbró con mano plateada,
> bajo la noche el espectro del miedo
> se alejará cual sombras de la tierra (*Regreso de la Sombra* 91).

Como exponíamos antes, el miedo es la Sombra misma, el Mal. Por lo tanto, es coherente que la invocación de Sam a Elbereth se asemeje a la oración cristiana *Sub tuum præsidium* tanto en forma como en significado:

> Bajo tu amparo nos acogemos,
> oh, Madre de Dios.
> No desprecies nuestras súplicas de angustia,
> sino rescátanos del peligro;
> la única pura, la única bendita.[84]

[84] Spirito (2003: 16-17; 25; 129) ya destacó la similitud de las dos oraciones.

María siempre pone a Dios en primer lugar con su total confianza en su providencia, y esto es lo que la libera del pecado y la sombra. Los hobbits muestran una actitud similar al invocar la presencia de lo sagrado. De hecho, en la Tierra Media de Tolkien, como en el Evangelio, la victoria sobre el enemigo de Dios es obra de Dios mismo; directamente o a través de seres en consonancia con lo sagrado. El esfuerzo humano es siempre débil ante la Oscuridad si no se basa en el Señor, tomando sus armas (Ef 6,10-18).

La misión de destruir el Anillo, por lo tanto, se convierte cada vez más en un rechazo explícito a enfrentarse al mal, porque la sombra siempre es más fuerte. El ser humano no puede hacer nada contra el mal, porque hay algo nihilista en su poder antidivino. Por lo tanto, Frodo, Sam, Gandalf o Aragorn no luchan contra Sauron directamente, sino mediante el sacrificio, sufriendo lo insoportable hasta el final, abriendo un espacio inesperado para el milagro de la eucatástrofe y la intervención directa de Dios. De ahí que otra similitud entre el *modus operandi* de la Virgen y la poética del curso narrativo de Tolkien es que la lucha contra el Mal es dominio del Creador (Ex 14,14). El papel del ser humano es resistir sin desesperación, hasta la derrota definitiva de la sombra por Dios.

Cuando no hay una revelación positiva, aclamar la luz de la belleza, como hacen los hobbits, es sumamente significativo. A través de la luz de María, como portadora de Dios, los primeros cristianos reconocieron un signo de esperanza y una poderosa intercesora para quienes sufrían y necesitaban protección, y esta tradición la vincula con la Estrella de la Mañana después de la Noche Oscura; la misma estrella a la que se asemejan Earendel y Eärendil.

Cuando la sombra de la muerte no pesa, la muerte se toma como don, y el ser humano comienza a participar en la redención de la Creación, al haberse vuelto vehículo de elevación de sí mismo y vehículo de realización de un designio original, en el que la presencia y agencia de Dios son aceptadas voluntariamente, tanto por conocimiento directo en el caso de la Virgen María, como por belleza trascendental y purificación en el caso de Aragorn.

Conclusión

Faërie está más cerca del resplandor de la Belleza que el plano físico; es decir, la belleza del encanto de Fantasía es más cercana a la belleza divina. Por lo tanto, el arte que vehicula eficazmente el encantamiento desde el mundo secundario e imaginario al primario tiene el potencial de conducir al receptor a una momentánea alegría mediante la recuperación, la libertad, el consuelo y la eucatástrofe que produce el asombro. Una alegría en la que no hay distinción entre los mundos primario y secundario. Lo contrario también es cierto, pues el deleite de la eucatástrofe que ocurre en el mundo primario conduce a vislumbrar otras dimensiones de la realidad, incluso más allá del mundo imaginario.

En otras palabras, el *splendor* de la belleza abre el camino a la experiencia del *lumen* desde la *Lux*. Por lo tanto, el propósito de la belleza, tanto en la subcreación de Tolkien por la palabra como en la subcreación mariana de la Palabra, no es otro que canalizar la presencia y la gloria del Creador, como continuo desbordamiento de una metafísica del arte y la redención.

Nuestro estudio ha destacado que la simplicidad y la majestad que subyacen a las nociones de lenguaje y muerte, subcreación y heroísmo humilde, en la obra de Tolkien, concuerdan con lo que llamamos poética mariana. El papel de la Virgen como vehículo de la Palabra la convierte en una magnífica subcreadora y corredentora, especialmente cuando no hay espacio para la esperanza. Su silencioso trabajo, espera y resistencia, por lo general desapercibidos, irradian la belleza divina en ella, y proporciona una clave para comprender la majestuosidad del *legendarium* de Tolkien.

Así, la obra tolkieniana evoca la noción de una realidad deseada que favorece el bien y permite al ser humano ver más allá de los velos del mundo (Jn 8,12; 1 Cor 15,28). Sin embargo, una sombra que, en términos teológicos, es una criatura maligna, poderosa y pecadora, rodea y amenaza este lugar. A través del arte literario, del mito y del cuento de hadas, se puede tolerar tanto la presencia de lo más siniestro como de lo más puro, y se pueden proponer ejemplos de la obra de santidad contra la Oscuridad. En resumen, la presencia diabólica y el principio mariano, esencialmente entrelazados en la teología católica, son elementos metafísicos y estéticos constitutivos del *legendarium* de Tolkien, como obra de arte que busca transmitir el resplandor de la Palabra.

Con todo ello, respecto a la muerte como don, podemos concluir lo siguiente. En primer lugar, el don de la muerte significa, desde perspectiva élfica, el camino fuera de un mundo sobreabundante que está perpetuamente bajo la amenaza del mal y la pérdida de su belleza. Además, en la misma tradición élfica, el don implica que los Círculos del Mundo y la primera interpretación derivada de la Gran Música no duran para siempre, y que pueden ser redimidos mediante una Segunda Música.

En segundo lugar, la muerte como don significa, desde perspectiva cristiana, la elevación del ser humano en toda su integridad, una voluntariamente deseada cercanía para con el Creador y una mayor participación como subcreador, porque la impronta de Dios es capaz de volverse la presencia de Dios en la humanidad misma.

Y, en tercer lugar, la muerte significa, desde perspectivas tanto élfica como cristiana, que el ser humano posee el don de trascender la realidad dada, explorar la dimensión desde la que la belleza visita el mundo, y alcanzar esperanza y certezas que apuntan a la satisfacción no en la Creación, sino en su fuente. En resumen, la muerte como don supone una apertura trascendental para vehicular belleza en el mundo, en obra o comportamiento, desde una dimensión no revelada.

Por lo tanto, quienquiera que se proponga hablar de la vida y obra de J.R.R. Tolkien debe tener bien presente que se encuentra ante un artista de hondura inaudita. Se trata de un filólogo y poeta que llegó a la fuente del mito, y tratar de comprenderlo exige un largo estudio de la tradición occidental. Es más, preguntar por la muerte como don conlleva plantear cuestiones últimas, así como responderlas enriqueciendo sobremanera nuestro acervo cultural.

El objetivo de esta investigación era explorar el trasfondo de la afirmación «ensayo de estética lingüística sobre la muerte y la inmortalidad». Queríamos exponer qué subyace a la subcreación que parte de la palabra, cómo ello está ligado a la mortalidad y que es la vía mariana la que acoge y sostiene todo ello. Así, hemos visto que el pensamiento de Tolkien se asienta sobre elementos poderosos: belleza extramundana, gracia, heroísmo, habla prístina. Tener en cuenta todo ello facilita comprender la relación señalada entre los tres grandes ensayos académicos de Tolkien, así como la de estos con su *legendarium*.

En consecuencia, consideramos que la fuerza latente a todo ello invalida los enfoques críticos modernos y postmodernos como absolutos o decisivos. Recordemos lo dicho por C. S. Lewis sobre *El Señor de los Anillos*: llega como un relámpago en cielo azul.[85] No se ve venir, no hay indicio de su llegada, porque procede de la región inaccesible de la que el subcreador participaba.

La sentencia de Lewis se hace extensible a todo el *legendarium* de Tolkien, en tanto que fue subcreador de una única obra, desarrollada mediante múltiples trabajos que despliegan el conjunto. Un mismo marco de sentido y pensamiento creció a lo largo de la vida del artista. Este estudio ha querido mostrar, sin pretensión de agotar el tema, cómo filología y poesía fueron para Tolkien dos modos de investigar y crecer mediante la palabra al servicio de la Palabra.

La tierra donde Tolkien se enraizaba es el Norte de Europa, especialmente aquel en contacto con el mar occidental, donde encontró el antiguo y humilde heroísmo capaz de enfrentarse a las adversidades de la existencia y preparado para recibir la luz de la Revelación. Para su comprensión y comunicación, Tolkien abordó la senda del mito: la recepción en silencio de la sobreabundancia y radical donación de la realidad, su polisémica o multidimensional dicción en la palabra poética, y el despliegue de todo su sentido en un marco narrativo donde acoger la verdad.

---

[85] En su reseña a *El Señor de los Anillos*, Lewis (2003: 207) expuso: «Este libro es como un relámpago en un cielo claro; tan marcadamente distinto e impredecible para nuestra época como lo fue *Song of Innocence* para la suya. Decir que con él ha vuelto repentinamente la epopeya heroica –preciosa, elocuente y sin complejos– en una época casi patológica en su antirromanticismo, no es del todo adecuado. Para nosotros, que vivimos en esta extraña era, su regreso –y el propio alivio que conlleva– es lo importante. Pero a efectos de la historia del relato épico –una historia que se remonta hasta la *Odisea* y más atrás– no supone un retroceso, sino un avance o una revolución: la conquista de un nuevo territorio».

Por todo ello, las aportaciones más destacables de este estudio son las siguientes:

1. La exploración conjunta de *Poetic Diction* y la praxis tolkieniana como filosofía lingüística basada en la noción de antigua unidad semántica. La obra literaria de Tolkien crece a partir del poder semántico de las palabras, y busca su plenitud artística para contar la verdad reflejada en la polisemia del mundo. Al decir el *Lógos* a partir de los muchos *lógoi*, la palabra subcreadora hace de la filología filosofía. En consecuencia, con Tolkien tenemos una nueva teoría y poética del mito, como vehículo narrativo de verdad.
2. Los trascendentales del ser –lo verdadero, lo bueno y lo bello– son, al igual que la *trinitas*, distintos aspectos de una misma unidad. Esta última faceta, lo bello, delegada a la cola u olvidada en la modernidad, es en el pensamiento de Tolkien la central, a partir de la belleza de la palabra y su despliegue. Es más, la obra de Tolkien conduce al encuentro de una estética y metafísica del arte y la redención, pues para Tolkien, la subcreación –como proceso y resultado– es participación voluntaria en el designio divino como respuesta a todo don.
3. La puesta en común de los tres grandes ensayos de Tolkien y sus puntos de contacto con la totalidad de su *legendarium*, así como su germen en textos de juventud. De tratar de nobleza y gallardía, de monstruos y fantasía, se ha expuesto cómo la sensibilidad de ver en la hostilidad del mundo algo errado, algo en pecado, eleva la nobleza pagana y la sitúa en camino a ser receptora de gracia más allá de los velos del mundo, además de la razón de ser del corazón artístico.
4. La eucatástrofe, en tanto que encuentro de lo trascendente más allá de todo límite espacio-temporal, remite a entender lo católico en Tolkien como verdad eterna, operante incluso antes de la Creación, y dada a conocer de modos diversos en el transcurso del Tiempo, a través del oscuro camino de la esperanza y la luz de la fe en tanto que aceptación de la dignidad y vida del Designio.
5. La muerte como don, en perspectiva mariana, significa libertad ante los Círculos del Mundo. Se trata de la capacidad de buscar y encontrar más allá tanto del mundo creado como de su diseño. El ser humano aparece en esencia como artista *atemporal*: buscador de Belleza allende el Tiempo y activa en este.

En resumen, la muerte como don es en la obra de Tolkien el fundamento en el que se asientan sus nociones de mito, belleza y redención –los grandes temas de la filosofía occidental–. Queda mucho por estudiar, y sobre todo por aprender, para hablar, habitar y amar en plenitud.

*

* *

Con todo lo dicho, hemos de finalizar esta obra con uno de los más emotivos pasajes de *El Señor de los Anillos*. Se trata de un fragmento esquemático, no desplegado en narración, ausente de todo comentario, por lo general: el viaje de Sam al Otro Lado del Mar. Para ello es necesario buscar en el Apéndice B, «La cuenta de los años», relativo a los acontecimientos posteriores al fin de la Tercera Edad, donde en pocas líneas, se registra que en el año 3082 –1482 de acuerdo con la Cronología de la Comarca–:

> El 22 de septiembre Samsagaz parte de Bolsón Cerrado. Llega a las Colinas de la Torre, donde ve a Elanor por última vez; le entrega el Libro Rojo, que queda en manos de los Belinfantes. Según Elanor la tradición cuenta que Samsagaz dejó atrás las Torres y fue a los Puertos Grises y se hizo a la Mar, último de los Portadores del Anillo (*ESdlA* 1126).[86]

A decir verdad, hasta el encuentro de tales líneas, la obra deja una extraña sensación. ¿Sería la vida en la Comarca suficiente para Sam? ¿Después de todo lo vivido con Frodo?[87]

El bosquejo, totalmente libre para la imaginación del oyente o lector, muestra que, tras haber gozado de la gracia de prósperos y abundantes años en su tierra con su familia, tras la muerte de su esposa, Sam sigue al señor Frodo. Es obsequiado con un último don. Ya no queda nada que lo ate en la Tierra Media, y a través del Mar, hubo de llegar a las Tierras Imperecederas y reunirse con Frodo, antes de partir definitivamente Más Allá, a través de esa senda que siempre se recorre solo.

[86] Del año 3141 –1541 CC– se dice que los lechos de Meriadoc y Peregrin fueron situados a los lados de la tumba del Rey Elessar. El fin de la Comunidad se consumó cuando Legolas construyó un navío gris en Ithilien y desde allí navegó al Mar y al Oeste, junto a Gimli.

[87] Sobre el camino de crecimiento de Sam, véase Maillet (2024).

Epílogo

Desde los confines de la tierra peligrosa

No aspira este breve epílogo a cosechar en el terreno que el autor, Jon Mentxakatorre, ha roturado y cultiva con mimo en el libro que el lector tiene en sus manos. Ni puede, ni debe hacerlo. No puede: porque el intruso, o el parásito, que firma el epílogo, aunque comparta con el autor del libro una pasión, o varias, carece de la competencia necesaria para penetrar en la Tierra Peligrosa –el inmenso, el desmesurado reino de (la) Fantasía– tras los pasos de Tolkien. Efectivamente, la afición, la pasión, incluso la devoción no son atributos suficientes para emprender una tarea de investigación y exposición que, aunque, como aquí, se disponga de forma amable, resulta inevitablemente ardua en su prolongado proceso de gestación. Y tampoco debe. Hay una vaga ética del epílogo –esa pieza suplementaria, esa adherencia indiscreta– que tal vez sólo consta de un principio: no suplantar la voz que, legítimamente, habla en el libro. Lo que significa: no invadir el territorio, no condicionar, no corregir, no suplir la lectura. Como Moisés, pero sin envergadura y sin condena, estas palabras liminares no penetran en la tierra: ni en la Tierra Media, ni en la Tierra Peligrosa, ni en la Tierra Prometida. La otean, acaso la suponen, desde la lejanía. O, mejor, la vislumbran desde la cercanía y con la ayuda de un mapa tan atractivo como eficaz: este libro, precisamente. Y desde allí se escriben, desde ese borde, desde ese margen o desde esos confines tras los que se alza este libro. Y el libro es el único sostén de estas palabras: su única excusa, su único aval.

Mentxakatorre cuenta, sin embargo, con excelentes credenciales y argumentos para levantar este mapa, o para explorar la tierra a la que el mapa remite. La doble condición de filólogo y filósofo forma parte de esas credenciales, o argumentos. No tanto por la competencia profesional que suponen los títulos, sino por la inclinación intelectual y afectiva que alienta en la elección de esas dos áreas de conocimiento. Podría afirmarse sin excesivo riesgo que Jon Mentxakatorre y J.R.R. Tolkien están animados por una misma pasión, o por una misma inclinación –o amistad: *filía*– que lleva del pensamiento al lenguaje y viceversa.

A quien haya frecuentado tan solo las obras más transitadas de Tolkien –*El Señor de los Anillos, El Hobbit*, tal vez *El Silmarillion*– no le sorprenderá la afirmación antecedente al respecto de Tolkien. Tampoco habrá de sorprenderle, tras la lectura, la misma afirmación referida al autor de este libro. Y, sin duda alguna, quien no sólo conoce las mencionadas obras, piezas al cabo arrancadas de un continente inabarcable, sino la producción completa de Tolkien, concederá que esa doble inclinación, *filo*-sófica y *filo*-lógica, resulta dominante, avasalladora.

No ya, o no sólo, por el celo con el que se despliega la prosa del escritor inglés: el cuidado en la adecuación, o en el sutil y matizado contraste, entre sonido y sentido, el generoso caudal léxico, que parece querer atrapar todas las dimensiones de todos los objetos posibles o pensables, la atención dedicada a los ritmos –que ya fuera destacada por Ursula K. Le Guin en un notable ensayo–, la pulcra sintaxis que, en su amplitud de registros, ajusta la forma y el contenido en las muy diferentes frecuencias del relato. No ya, o no solo. Recuérdese, por ejemplo, y quien ha leído a Tolkien desde la infancia –desde el privilegiado y exigente palco que es la infancia– lo recordará siempre, el efecto, o los múltiples efectos, de las denominaciones, ya se trate de nombres de persona, animal o cosa, ya se trate de toponimia, de zoología o de botánica. Hay un ser del nombre, hay un poder del nombre; que despliegan sendos campos de relaciones, o que se exponen a y en resonancias que pautan espacios y tiempos: no sólo las líneas genealógicas, aunque sea este un extremo, mil veces reiterado, de inscripción realizadora de la palabra.

No es este el lugar para exponer la múltiple dedicación de Tolkien a la palabra: tanto al *pasatiempo hogareño* o *vicio secreto* de crear o inventar idiomas, como la pertinaz indagación sobre idiomas existentes o «existidos»; el lector halla cumplida noticia en la obra que atencede a estas páginas. Sólo cabe insistir en que se trata de genuina o auténtica *filo*-logía, de genuina o auténtica inclinación a la palabra. Una inclinación en la que el amor y el respeto trabajan de consuno. De ambos –amor y respeto– da cuenta Tolkien en penetrantes ensayos que Mentxakatorre visita con rigor.

El lenguaje es potencia; el lenguaje es creación –dejo a los autores, a ambos, que maticen este último juicio en el sentido de lo que denominan subcreación–. Pero el lenguaje, que atraviesa de parte a parte al menos todo lo humano, se conforma en ejercicios diversos. Se podrá discutir, pero no es este el lugar ni el momento adecuados para hacerlo, si alguno de esos ejercicios ostenta en solitario una posición de privilegio. J.R.R. Tolkien y Jon Mentxakatorre hacen una apuesta contundente; y una propuesta consistente: el mito es ese ejercicio fontanal que presupone y proyecta sentido; el mito es el ejercicio en el que el lenguaje se *real*-iza: en el que se expone, en todos los sentidos del verbo.

Nada extraño es que la *filo*-sofía que recorre la obra de Tolkien sea, en rigor, una mitología; no es extraño ni es casual que el acercamiento de Mentxakatorre a esa obra monumental se afirme en destrezas mitológicas, mitocríticas y mitoanalíticas. Enfrentarse a la creación –o subcreación– de Tolkien exige, quizá en primer lugar, dominar esas destrezas. Y exige verterlas sobre esos temas mayores que han interrogado a la filosofía, y no solo a ella, desde sus inicios: la mortalidad, o, más adecuada y rotundamente, la muerte, es uno de ellos. Para Tolkien no es uno entre otros temas; para el autor de este libro, tampoco. Quizá el lector descubra que ese don –la muerte– expone al lenguaje y al pensamiento a tensiones, o a un estrés, que sólo hallan hospedaje adecuado en el relato: en el mito. Y que apuntan hacia horizontes de sentido que exigen más relato, más mito: como domicilio siempre provisional, como refugio ambulante del *homo viator*. De ese que –como Frodo, ora solo, ora en compañía– atraviesa bosques de esperanza, desiertos de angustia y montañas de desesperación. Y busca, y cuenta. Y siempre hay algo (con lo) que contar. Y alguien a quien contárselo.

Tolkien apuntaba al cuento eminente; y no solo a su esclarecimiento mito-lógico sino a su alzado mito-poiético. Mentxakatorre se arriesga, en un ensayo que concilia la admiración a la obra y el rigor en su análisis, en los vericuetos de ese cuento: para detenerse en los temas mayores. Y para fatigar los infinitos caminos que conectan ese cuento, creación auténtica o subcreacíón genuina, con otros relatos eminentes: no sólo creadores de cultura sino índices y factores de verdad. Pues de verdad se trata, en rigor, en toda filosofía; y en toda exigente filología. De esa verdad que se hace en el decir, de esa verdad que se teje en el relato. Y que no esquiva, sino todo lo contrario, los extremos del peligro: confiando, como anticipan los célebres versos de Hölderlin, en que «donde hay peligro, allí crece también lo que salva». Quizá ante el abismo del peligro, en la muerte, en la catástrofe, se oculta –o se revela– la ocasión del gozo: de un gozo que trasciende condiciones, estados, niveles y geografías. De un gozo que se crea y que se cree; que se suscita en el relato y se agita en la obra.

Es cierto que, a lo largo de los años, la obra de Tolkien ha ido venciendo resistencias. El autor de este libro no está solo en el propósito de contemplar esa obra como una de las cimas de la creación del siglo XX; estatuto que, desde algunos foros, se sigue regateando.

En muchas ocasiones, el éxito comercial y la lectura popular masiva redundan en perjuicio de otros registros de lectura. En muchas ocasiones, parece que la atención del público hace indigna la atención crítica académica, o especializada. Se encasilla al autor en un género –literatura fantástica, ciencia ficción…– y ese género es una clausura, una cárcel, un espacio indigno de atención, subalterno, menor… Efectivamente, hay problemas de género, hay cuestiones de género.

Mito y muerte es una lograda propuesta que rompe barreras, que asalta cárceles. Un libro en el que el autor da forma escrita a una trayectoria de incansable lectura de la obra de Tolkien; una lectura, se puede decir con escasa y disculpable hipérbole, vitalicia. Y lo hace desde registros mitológicos, filológicos y filosóficos de acentuado rigor. Por eso es una obra que ha de alterar acomodadas lecturas.

El territorio seguirá siendo inmenso, desmesurado. En cada uno de sus miles de recovecos habrá lugar para la enésima sorpresa, para el vértigo, para el sosiego. Y así ha de ser. El territorio Tolkien –relato eminente– buscará, y hallará, lectores: ingenuos, voraces, atentos, devotos.

Mito y muerte es un mapa de ese territorio. Uno de los muchos que habrá que ir levantando. Uno de los imprescindibles, por cuanto ha elegido hollar vías escarpadas, rutas peligrosas. Las atravesará, o las ha atravesado ya quien se encomiende a este libro. Lo hará escoltado por la palabra y el gesto de Jon Mentxakatorre, un guía informado y generoso; un guía entregado: al territorio y al lector.

Patxi Lanceros
Bilbo, noviembre de 2025

Bibliografía

Obras de J.R.R. Tolkien

Citadas por orden de aparición:

1937. *El Hobbit*. Manuel Figueroa (tr.). Barcelona: Minotauro [1982].

1954-55. *El Señor de los Anillos*. Luis Domènech y Matilde Horne (trs.). Barcelona: Minotauro [1978-80]. Citado de la edición en un volumen de 1991.

1964. *Árbol y hoja*. Christopher Tolkien (ed.) [1988]. Julio César Santoyo, José M. Santamaría y Luis Domènech (trs.). Barcelona: Minotauro [1994].

1977. *El Silmarillion*. Christopher Tolkien (ed). Rubén Masera y Luis Domènech (trs.). Barcelona: Minotauro [1984].

1979. *Pictures by J.R.R. Tolkien*. Christopher Tolkien (ed.). Londres: Allen and Unwin.

1979. «Última entrevista registrada de Tolkien». Diego Seguí (tr.). *Universidad Autónoma de Númenor* [2016]. http://uan.nu/dti/interview.html

1980. *Cuentos inconclusos de Númenor y la Tierra Media*. Rubén Masera (tr.). Barcelona: Minotauro [1990].

1980. *Los hijos de Húrin*. Christopher Tolkien (ed.). Estela Gutiérrez (tr.). Barcelona: Minotauro [2007].

1981. *Cartas de J.R.R. Tolkien*. Humphrey Carpenter y Christopher Tolkien (eds.). Rubén Masera (tr.). Barcelona: Minotauro [1993].

1983. *Los monstruos y los críticos y otros ensayos*. Christopher Tolkien (ed.). Eduardo Segura (tr.). Barcelona: Minotauro [1998].

1995. *J.R.R. Tolkien. Artista e ilustrador*. Wayne G. Hammond y Christina Scull (eds.). Ramón Ibero (tr.). Barcelona: Minotauro.

1995. *Parma Eldalamberon* 11: *I-Lam na-Ngoldathon: The Grammar and Lexicon of the Gnomish Tongue*. Christopher Gilson, Carl F. Hostetter, Patrick H. Wynne y Arden R. Smith (eds.). Mythopoeic Society.

1998. *Parma Eldalamberon* 12: *Qenyaqetsa: The Qenya Phonology and Lexicon*. Christopher Gilson, Carl F. Hostetter, Patrick H. Wynne, Arden R. Smith y Bill Welden (eds.). Mythopoeic Society.

2002. *Beowulf and the Critics*. Michael D. C. Drout (ed.). Tempe: Arizona Center for Medieval and Renaissance Studies.

2002. *Vinyar Tengwar* 43 y 44. Carl F. Hostetter (ed.). Elvish Linguistic Fellowship.

2005. *Smith of Wootton Major.* Verlyn Flieger (ed.). Londres: HarperCollins.

2007. *The History of* The Hobbit. 2. vols. John D. Rateliff (ed.). Londres: HarperCollins.

2008. *Tolkien On Fairy-stories.* Verlyn Flieger y Douglas A. Anderson (eds.). Londres: HarperCollins.

2014. *Beowulf: Traducción y comentario. Incluye Sellic Spell.* Martin Simonson y Nur Ferrante (trs.). Barcelona: Minotauro [2015].

2015. *La historia de Kullervo.* Martin Simonson (tr.). Barcelona: Minotauro [2016].

2016. *A Secret Vice. Tolkien on Invented Languages.* Dimitra Fimi y Andrew S. Higgins (eds.). Londres: HarperCollins.

2021. *La naturaleza de la Tierra Media.* Carl F. Hostetter (ed.). Martin Simonson, Rubén Masera, Estela Gutiérrez, Elías Sarhan y Ramón Ibero (trs.). Barcelona: Minotauro [2022].

2023. *The Letters of J.R.R. Tolkien. Revised and Expanded Edition.* Humphrey Carpenter y Christopher Tolkien (eds.). Londres: HarperCollins.

2023. *La batalla de Maldon.* Peter Grybauskas (ed.). Jorge Luis Bueno (tr.). Barcelona: Minotauro.

2024. *The Collected Poems of J.R.R. Tolkien.* Christina Scull y Wayne G. Hammond (eds.). Londres: HarperCollins.

Historia de la Tierra Media, editada por Christopher Tolkien

1. 1990. *El libro de los Cuentos Perdidos.* Vol. 1. Rubén Masera (tr.). Barcelona: Minotauro.
2. 1991. *El libro de los Cuentos Perdidos.* Vol. 2. Teresa Gottlieb (tr.). Barcelona: Minotauro.
3. 1997. *Las baladas de Beleriand.* Ramón Ibero (tr.). Barcelona: Minotauro.
4. 1998. *La formación de la Tierra Media: el Quenta, el Ambarkanta y los Anales junto con el primer* Silmarillion *y el primer Mapa.* Elías Sarhan (tr.). Barcelona: Minotauro.
5. 1999. *El Camino Perdido y otros escritos: lenguas y leyendas antes de* El Señor de los Anillos. Estela Gutiérrez (tr.). Barcelona: Minotauro.
6. 1993. *El retorno de la Sombra: La historia de* El Señor de los Anillos. Vol. 1. Teresa Gottlieb (tr.). Barcelona: Minotauro.
7. 1994. *La traición de Isengard: La historia de* El Señor de los Anillos. Vol. 2. Elías Sarhan (tr.). Barcelona: Minotauro.
8. 1996. *La Guerra del Anillo: La historia de* El Señor de los Anillos. Vol. 3. Estela Gutiérrez (tr.). Barcelona: Minotauro.

9.1. 1997. *El fin de la Tercera Edad: La historia de* El Señor de los Anillos. Vol. 4. Elías Sarhan y Estela Gutiérrez (trs.). Barcelona: Minotauro.

9.2. 2000. *La caída de Númenor.* Estela Gutiérrez (tr.). Barcelona: Minotauro.

10. 2000. *El anillo de Morgoth.* Estela Gutiérrez (tr.). Barcelona: Minotauro.
11. 2002. *La Guerra de las Joyas.* Estela Gutiérrez (tr.). Barcelona: Minotauro.
12. 2002. *Los pueblos de la Tierra Media.* Estela Gutiérrez (tr.). Barcelona: Minotauro.

Obras de referencia

Abrams, Meyer H. 1992. *El Romanticismo: tradición y revolución*. Tomás Segovia (tr.). Madrid: Visor.

Agøy, Nils Ivar. 1995. «Quid Hinieldus cum Christo? New Perspectives on Tolkien's Theological Dilemma and his Sub-Creation Theory». *Proceedings of the J.R.R. Tolkien Centenary Conference: Keble College, Oxford, 1992* (*Mythlore* 80 – *Mallorn* 33), 31-38. Patricia Reynolds y Glen H. GoodKnight (eds.). Milton Keynes: The Tolkien Society y Altadena: Mythopoeic Press.

—. 2007. «Viewpoints, Audiences and Lost Texts in *The Silmarillion*». *The Silmarillion – Thirty Years On*, 139-63. Allan Turner (ed.). Zúrich: Walking Tree Publishers.

Aldrich, Kevin. 1988. «The Sense of Time in J.R.R. Tolkien's *The Lord of the Rings*». *Mythlore* 55: 5-9.

Amendt-Raduege, Amy. 2018. «*'The Sweet and the Bitter': Death and Dying in J.R.R. Tolkien's* The Lord of the Rings». Kent: The Kent State University Press.

Arduini, Roberto; Testi, Claudio A. (eds.). 2014. *Tolkien and Philosophy*. Zúrich: Walking Tree Publishers.

Barfield, Owen. 1973. *Poetic Diction. A Study in Meaning*. Middletown: Wesleyan University Press.

—. 2007. *History in English Words*. Barrington: Lindisfarne Books.

—. 2014. *What Coleridge Thought*. Oxford: Barfield Press UK.

Bates, Brian. 2003. *The Real Middle-earth: Magic and Mystery in the Dark Ages*. Londres: Pan Books.

Bergland, Magne. 2021. «'This gift of freedom': The Gift of Ilúvatar, from Mythological Solution to Theological Problem». *Tolkien Studies* 18: 131-44.

Bernthal, Craig. 2014. *Tolkien's Sacramental Vision: Discerning the Holy in Middle Earth*. Second Spring: Kettering.

Bertoglio, Chiara. 2019. «Polyphony, Collective Improvisation, and the Gift of Creation». *Music in Tolkien's World and Beyond*, 3-28. Julian Eilmann y Friedhelm Schneidewind (eds.). Zúrich: Walking Tree Publishers.

Blackwelder, Richard E. 1990a. *A Tolkien Thesaurus*. Nueva York/Londres: Garland.

—. 1990b. *Tolkien Phraseology: A Companion to* A Tolkien Thesaurus. Milwaukee: Tolkien Archives Fund/Marquette University.

Blaxland de Lange, Simon. 2021. *Owen Barfield: Romanticism Comes of Age: A Biography*. Forest Row: Temple Lodge Publishing.

Blumenberg, Hans. 2003a. *Paradigmas para una metaforología*. Jorge Pérez de Tudela (tr.). Madrid: Trotta.

—. 2003b. *Trabajo sobre el mito*. Pedro Madrigal (tr.). Barcelona: Paidós.

Bowman, Mary R. 2010. «Refining the Gold: Tolkien, *The Battle of Maldon*, and the Northern Theory of Courage». *Tolkien Studies* 7: 91-115.

Branston, Brian. 1974. *The Lost Gods of England*. Londres: Book Club Associates.

Bratman, David. 2023. «A Handlist of Books by the Inklings». *David Bratman*. https://dbratman.net/inklings.html

Brljak, Vladimir. 2010. «The Books of Lost Tales: Tolkien as Metafictionist». *Tolkien Studies* 7: 1-34.

Bruce, Alexander M. 2007. «Maldon and Moria: On Byrhtnoth, Gandalf, and Heroism in *The Lord of the Rings*». *Mythlore* 99/100: 149-59.

Butynskyi, Christopher A. 2020. *The Inklings, the Victorians, and the Moderns: Reconciling Tradition in the Modern Age*. Madison/Teaneck: Fairleigh Dickinson University Press.

Caldecott, Stratford. 2013. *El poder del Anillo. Trasfondo espiritual de* El Hobbit *y* El Señor de los Anillos. Pablo Martínez de Anguita y Pilar Fernández Palop (tr.). Madrid: Encuentro.

—. 2015. «La filosofía tolkieniana de la Creación en *El Silmarillion*». *J.R.R. Tolkien. El árbol de las historias*, 33-40. Pablo Gutiérrez, María Isabel Abradelo e Ignacio Armada (coords.). Bárbara Martínez de Irujo (tr.). Madrid: CEU Ediciones.

Caldecott, Stratford; Rance, Didier; Solari, Grégory. 2002. *Tolkien, faërie et christianisme*. Ginebra: Ad Solem.

Carpenter, Humphrey. 1990. *J.R.R. Tolkien. Una biografía*. Carlos Peralta (tr.). Barcelona: Minotauro.

—. 2008. *Los Inklings: C. S. Lewis, J.R.R. Tolkien, Charles Williams y sus amigos*. Juan Castilla Plaza (tr.). Madrid: Homolegens.

—. 2024. *Los Inklings: C. S. Lewis, J.R.R. Tolkien, Charles Williams y sus amigos*. Martin Simonson (tr.). Barcelona: Minotauro.

Cassirer, Ernst. 1959. *Mito y lenguaje*. Carmen Balzer (tr.). Buenos Aires: Galatea-Nueva Visión.

—. 1974. *Antropología filosófica. Introducción a una filosofía de la cultura*. Eugenio Imaz (tr.). México: Fondo de Cultura Económica.

Cavill, Paul. 1995. «Interpretation of *The Battle of Maldon*, Lines 84-90: A Review and Reassessment». *Studia Neophilologia* 67(2): 149-64.

Chance, Jane (ed.). 2003. *Tolkien the Medievalist.* Nueva York: Routledge.

—. (ed.). 2004. *Tolkien and the Invention of Myth. A Reader.* Lexington: University Press of Kentucky.

Chesterton, Gilbert K. 1943. *Ortodoxia.* M. Aberasturi (tr.). Buenos Aires: Excelsa.

—. 2007. *El hombre eterno.* Mario Ruiz Fernández (tr.). Madrid: Cristiandad.

Cilli, Oronzo. 2019. Tolkien's Library: An Annotated Checklist. Edimburgo: Luna Press.

Clark, George. 1979. «The Hero of Maldon: Vir Pius et Strenuus». *Speculum* 54(2): 257-82.

—. 2000. «J.R.R. Tolkien and the True Hero». *J.R.R. Tolkien and His Literary Resonances: Views of Middle-earth*, 39-51. George Clark y Daniel Timmons (eds.). Westport: Greenwood Press.

Collier, Pieter. 2008. «1968 BBC interview with J.R.R. Tolkien on Youtube». *Tolkien Library.* http://tolkienlibrary.com/press/814-Tolkien-1968-BBC-Interview.php

—. 2025. «J.R.R. Tolkien and His Works». *Tolkien Library.* http://tolkienlibrary.com/jrrtolkien.htm

Coleridge, Samuel Taylor. 1963. «On Poesy or Art». *Modern Criticism: Theory and Practice*, 36-41. Walter Sutton y Richard Foster (eds.). Indianapolis/Nueva York: The Odyssey Press.

—. 1971. *Biographia Literaria, Or Biographical Sketches of My Literary Life and Opinions.* George G. Watson (ed.). Londres: Dent.

Cook, Simon J. 2015. «The Peace of Frodo: On the Origin of an English Mythology». *Tolkien Studies* 12: 59-76.

Coutras, Lisa. 2016. *Tolkien's Theology of Beauty. Majesty, Splendor, and Transcendence in Middle-earth.* Londres: Palgrave Macmillan.

Croft, Janet Brennan. 2011. «Túrin and Aragorn: Evading and Embracing Fate». *Mythlore* 113/114: 155-70.

Daniélou, Jean 1967. *Mitos paganos, misterio cristiano.* Enrique Martí Lloret (tr.). Andorra: Casal i Vall.

—. 2009. *The Angels and Their Mission. According to the Fathers of the Church.* David Heimann (tr.). Manchester: Sophia Institute.

Departamento de Traducción Irreverente. 2016a. «Diferencias entre las ediciones en inglés de *El Señor de los Anillos* y su reflejo en las traducciones al castellano». *Universidad Autónoma de Númenor.* http://uan.nu/dti/diferencias.html

—. 2016b. «Ediciones en castellano de los libros de Tolkien». *Universidad Autónoma de Númenor.* http://uan.nu/dti/ediciones.html

—. 2016c. «Errores, deslices e incoherencias en las traducciones al castellano». *Universidad Autónoma de Númenor.* http://uan.nu/dti/errores.html

—. 2016d. «La traducción de nombres propios». *Universidad Autónoma de Númenor.* http://uan.nu/dti/nombres.html

Devaux, Michaël. 2001a. «'L'ombre de la mort' chez Tolkien». *La Feuille de la Compagnie.* Vol. 1: 39-63. París: L'œil du Sphinx.

—. 2001b. «Lettre à Milton Waldman: L'horizon de la Terre du Milieu». *Conférence* 12: 707-56.

—. 2003. «J.R.R. Tolkien, Lettre à M. Waldman (1951?), édition bilingue du résumé du *Seigneur des Anneaux*, trad. complète [de la lettre]». *Tolkien: les racines du légendarie*, 19-81. Ginebra: Ad Solem.

Dobie, Robert J. 2024. *The Fantasy of J.R.R. Tolkien. Mythopoeia and the Recovery of Creation.* Washington: Catholic University of America Press.

Donahue, Charles. 1965. «*Beowulf* and Christian Tradition: A Reconsideration from a Celtic Stance». *Traditio* 21: 55-116.

Downing, Angela. 1982. «From Quenya to the Common Speech: Linguistic Diversification in J.R.R. Tolkien's *The Lord of the Rings*». *Revista Canaria de Estudios Ingleses* 4: 23-32.

Drout, Michael D. C. (ed.). 2007a. *J.R.R. Tolkien Encyclopedia: Scholarship and Critical Assessment.* Nueva York/Londres: Routledge.

—. 2007b. «J.R.R. Tolkien's Medieval Scholarship and Its Significance». *Tolkien Studies* 4: 113-76.

—. 2011. «*Beowulf: The Monsters and the Critics* Seventy-five Years Later». *Mythlore* 115/116: 5-22.

—. 2025. *The Tower and the Ruin. J.R.R. Tolkien's Creation.* Nueva York: Norton.

Dunai, Amber. 2019. «*Ofermod* and Aristocratic Chivalry in J.R.R. Tolkien's *The Lord of the Rings*». *Journal of Tolkien Research* 8(1): 1-20.

Duriez, Colin. 1998. «The Theology of Fantasy in C.S. Lewis and J.R.R. Tolkien». *Themelios* 23(2): 35-51.

—. 2007. «The Fairy Story: J.R.R. Tolkien and C.S. Lewis». *Tree of Tales: Tolkien, Literature and Theology*, 13-23. Trevor Hart e Ivan Khovacs (eds.). Waco: Baylor University Press.

—. 2015. *The Oxford Inklings: Lewis, Tolkien and their Circle.* Oxford: Lion Hudson.

Eilmann, Julian. 2017. *J.R.R. Tolkien. Romanticist and Poet.* Evelyn Koch (tr.). Zúrich: Walking Tree Publishers.

Elam, Michael D. 2011. «The Ainulindalë and J.R.R. Tolkien's Beautiful Sorrow in Christian Tradition». *VII: An Anglo-American Literary Review* 28: 61-78.

Eliade, Mircea. 2006. *Mito y realidad.* Luis Gil Fernández (tr.). Madrid: Guadarrama.

Engell, James. 1981. *The Creative Imagination: Enlightenment to Romanticism.* Cambridge: Harvard University Press.

Estes, Douglas (ed.). 2023. *Theology and Tolkien: Practical Theology.* Londres: Lexington Books/Fortress Academic.

—. (ed.). 2024. *Theology and Tolkien: Constructive Theology.* Londres: Lexington Books/Fortress Academic.

Feinendegen, Norbert. 2018. «The Philosopher's Progress: C.S. Lewis' Intellectual Journey from Atheism to Theism». *Journal of Inklings Studies* 8(2): 103-43.

Feinendegen, Norbert; Smilde, Arend (eds.). 2015. *The 'Great War' of Owen Barfield and C.S. Lewis: Philosophical Writings, 1927-1930.* Inklings Studies Supplements 1. *Journal of Inklings Studies.*

Ferré, Vincent. 2008. «Tolkien, the Author and the Critic: *Beowulf, Sir Gawain and the Green Knight, The Homecoming of Beorhtnoth* and *The Lord of the Rings*». *The Ring Goes Ever On. Proceedings of the Tolkien 2005 Conference.* Vol. 1 : 162-68. Sarah Wells (ed.). Coventry: The Tolkien Society.

—. 2011. *Tolkien: sur les rivages de la Terre du Milieu.* París: Christian Bourgois.

—. 2022. «The Son Behind the Father: Christopher Tolkien as a Writer». *The Great Tales Never End. Essays in Memory of Christopher Tolkien*, 53-69. Richard Ovenden y Catherine McIlwaine (eds.). Oxford: Bodleian Library Publishing.

Ferré, Vincent; Manfrin, Fréderic. 2022. *Tolkien. Voyage en Terre de Milieu.* París: BnF/Chritian Bourgeois.

Flieger, Verlyn. 2002. *Splintered Light: Logos and Language in Tolkien's World.* Kent/Londres: The Kent State University Press.

—. 2004. «Do the Atlantis story and abandon Eriol-Saga». *Tolkien Studies* 1: 43-68.

—. 2009. «The Music and the Task: Fate and Free Will in Middle-earth». *Tolkien Studies* 6: 151-81.

—. 2012. *A Question of Time: J.R.R. Tolkien's Road to Faërie.* Kent/Londres: The Kent State University Press.

—. 2014. «Tolkien and the Philosophy of Language». *Tolkien and Philosophy*, 73-84. Roberto Arduini y Claudio A. Testi (eds.). Zúrich: Walking Tree Publishers.

—. 2024. «Words, Words, Words: Tolkien, Barfield and Romanticism». *The Romantic Spirit in the Works of J.R.R. Tolkien*, 127-46. Will Sherwood y Julian Eilmann (eds.). Zúrich: Walking Tree Publishers.

Fliss, William M.; Schaefer, Sarah C. 2022. *J.R.R. Tolkien: The Art of the Manuscript.* Milwaukee: Haggerty Museum of Art, Marquette University.

Fornet-Ponse, Thomas. 2005. «Tolkiens Theologie des Todes». *Hither Shore* 2: 157-84.

—. 2006. «Freedom and Providence as Anti-Modern Elements?». *Tolkien and Modernity.* Vol. 1: 177-206. Frank Weinreich y Thomas Honegger (eds.). Zúrich: Walking Tree Publishers.

—. 2010. «'Strange and Free'. On Some Aspects of the Nature of Elves and Men». *Tolkien Studies* 7: 67-89.

Frankl, Viktor E. 2001. *El hombre en busca de sentido*. Diorki (tr.). Barcelona: Herder.

Gallant, Richard Z. 2024. *Germanic Heroes, Courage, and Fate: Northern Narratives of Tolkien's Legendarium*. Zúrich: Walking Tree Publishers.

Garth, John. 2014a. *Tolkien y la Gran Guerra. El origen de la Tierra Media*. Eduardo Segura y Martin Simonson (trs). Barcelona: Minotauro.

—. 2014b. *Tolkien at Exeter College. How an Oxford Undergraduate Created Middle-earth*. Oxford: Exeter College.

—. 2021. *Los mundos de la Tierra Media*. Martin Simonson (tr.). Barcelona: Minotauro.

George, Jodi-Anne. 2010. *Beowulf: A Reader's Guide to Essential Criticism*. Londres: Palgrave Macmillan.

Gibbs, John J. 1971. *Creation and Redemption: A Study in Pauline Theology*. Leiden: Brill.

Gilson, Christopher. 2017. «His Breath Was Taken Away: Tolkien, Barfield, and Elvish Diction». *Tolkien Studies* 14: 33-51.

Glyer, Dyana Pavlac. 2016. *Bandersnatch: C.S. Lewis, J.R.R. Tolkien, and the Creative Collaboration of the Inklings*. Kent: Black Squirrel Books.

González Baixauli, Luis. 1999. *La lengua de los elfos*. Barcelona: Minotauro.

Gordon, Eric V. (ed.). 1937. *The Battle of Maldon*. Londres: Methuen.

Greenwood, Linda. 2005. «Love: 'The Gift of Death'». *Tolkien Studies* 2: 171-95.

Guardini, Romano. 1954. *Libertad, gracia y destino*. Guillermo Termenón (tr.). Donostia: Dinos.

—. 1965. *La Madre del Señor. Una carta y en ella un esbozo*. José María Valverde (tr.). Madrid: Guadarrama.

Gymnich, Marion. 2005. «Reconsidering the Linguistics of Middle-earth: Invented Languages and Other Linguistic Features in J.R.R. Tolkien's *The Lord of the Rings*». *Reconsidering Tolkien*, 7-30. Thomas Honegger (ed.). Zúrich: Walking Tree Publishers.

Halsall, Michael J. 2020. *Creation and Beauty in Tolkien's Catholic Vision. A Study in the Influence of Neoplatonism in J.R.R. Tolkien's Philosophy of Life as 'Being and Gift'*. Eugene: Pickwick.

Hammond, Wayne G.; Anderson, Douglas A. 2013. *J.R.R. Tolkien: A Descriptive Bibliography*. New Castle/Winchester: Oak Knoll Press.

Hammond, Wayne G.; Scull, Christina. 2000. *J.R.R. Tolkien: Artist and Illustrator*. Londres: HarperCollins.

—. (eds.). 2005. The Lord of the Rings: *A Reader's Companion*. Londres: HarperCollins.

—. (eds.). 2006. The Lord of the Rings *1954-2004: Scholarship in Honor of Richard E. Blackwelder*. Milwaukee: Marquette University Press.

—. 2017. *The J.R.R. Tolkien Companion and Guide – Reader's Guide and Chronology*. Londres: HarperCollins.

—. 2025. «Addenda and Corrigenda to Our Writings». *Hammond and Scull*. https://hammondandscull.com/addenda.html

Harpur, Patrick. 2013. *El fuego secreto de los filósofos. Una historia de la imaginación*. Fernando Almansa (tr.). Vilaür: Atalanta.

Harvey, David. 2016. *The Song of Middle-earth: J.R.R. Tolkien's Themes, Symbols and Myths*. Londres: HarperCollins.

Heidegger, Martin. 1985. *Arte y poesía*. Samuel Ramos (tr.). México: Fondo de Cultura Económica.

—. 1990. *De camino al habla*. Yves Zimmermann (tr.). Barcelona: Serbal-Guitard.

Helen, Daniel. 2017. *Death and Immortality in Middle-earth: Proceedings of The Tolkien Society Seminar 2016*. Edimburgo: Luna Press.

Helms, Randel. 1974. *Tolkien's World*. Londres: Thames and Hudson.

—. 1981. *Tolkien and the Silmarils*. Londres: Thames and Hudson.

Higgins, Andrew S. 2015. *The Genesis of J.R.R. Tolkien's Mythology*. Tesis doctoral. Cardiff Metropolitan University.

Holmes, John R. 2010. «'Inside a Song': Tolkien's Phonaesthetics». *Middle-earth Minstrel. Essays on Music in Tolkien*, 26-46. Bradford Lee Eden (ed.). Jefferson: McFarland and Company.

Honegger, Thomas. 2007a. «A Mythology for England? Looking a Gift Horse in the Mouth». *Myth and Magic. Art According to the Inklings*, 109-30. Eduardo Segura y Thomas Honegger (eds.). Zúrich: Walking Tree Publishers.

—. 2007b. «The Homecoming of Beorhtnoth: Philology and the Literary Muse». *Tolkien Studies* 4: 189-99.

—. 2017. «'Meet the Professor' – A Present-day Colleague's View of Tolkien's Academic Life and Work». *Binding Them All: Interdisciplinary Perspectives on J.R.R. Tolkien and His Works*, 17-83. Monika Kirner-Ludwig, Stephan Köser y Sebastian Streitberger (eds.). Zúrich: Walking Tree Publishers.

Hostetter, Carl F.; Smith, Arden R. 2003. «Una mitología para Inglaterra». *Tolkien o la fuerza del mito. La Tierra Media en perspectiva*, 95-115. Eduardo Segura y Guillermo Peris (eds.). Madrid: LibrosLibres.

Hulme, Thomas E. 1960. «Romanticism and Classicism». *Speculations: Essays on Humanism and the Philosophy of Art*, 111-39. Herbert Read (ed.). Londres: Routledge and Kegan Paul.

Hyde, Paul N. 1982. *Linguistic Techniques Used in Character Development in the Works of J.R.R. Tolkien*. Tesis doctoral. Purdue University.

Irigaray, Ricardo. 1999. *Elfos, hobbits y dragones: Tolkien y la fe cristiana.* Buenos Aires: Tierra Media.

Imbert, Yannick F. 2015. «Eru will enter Eä: The Creational-Eschatological Hope of J.R.R. Tolkien». *Representations of Nature in Middle-earth*, 73-94. Martin Simonson (ed.). Zúrich: Walking Tree Publishers.

—. 2022. *From Imagination to Faërie: Tolkien's Thomist Fantasy.* Eugene: Pickwick.

Jeffrey, David L. 1980. «Tolkien as Philologist». *VII: An Anglo-American Literary Review* 1: 47-61.

Kechan, Ana (ed.). 2021. *Reimagining the Works of J.R.R. Tolkien.* Skopie: International Balkan University.

Kerry, Paul E. (ed.). 2013. *The Ring and the Cross: Christianity and* The Lord of the Rings. Madison/Teaneck: Fairleigh Dickinson University Press.

Kiernan, Kevin S. (ed.). 2015. *Electronic Beowulf 4.0.* The British Library/The University of Kentucky College of Arts and Sciences. https://ebeowulf.uky.edu

Kilby, Clyde S. 1976. *Tolkien and The Silmarillion.* Wheaton: Harold Shaw Publishers.

—. 2002. «Chapter III of *Tolkien and The Silmarillion*». *VII: An Anglo-American Literary Review* 19: 91-104.

Kocher, Paul H. 1973. *Master of Middle-earth: The Achievement of J.R.R. Tolkien.* Londres: Thames and Hudson.

Korpua, Jyrki. 2021. *The Mythopoeic Code of Tolkien: A Christian Platonic Reading of the Legendarium.* Jefferson: MacFarland.

Kreeft, Peter. 1979. «Afterwords». *Shadows of Imagination: The Fantasies of C.S. Lewis, J.R.R. Tolkien and Charles Williams*, 161-78. Mark R. Hillegas (ed.). Carbondale/Edwardsville: Southern Illinois University Press.

—. 2005. *The Philosophy of Tolkien. The Worldview Behind* The Lord of the Rings. San Francisco: Ignatius Press.

Kreeger, Seth. 2023. «Metaphysical Considerations of Eä: Creation and Providence in Tolkien and Aquinas». *Tolkien Studies* 20: 145-69.

Kuhn, Daniel K. 1971. «The Joy of the Absolute: A Comparative Study of the Romantic Visions of William Wordsworth and C.S. Lewis». *Imagination and the Spirit: Essays in Literature and the Christian Faith Presented to Clyde S. Kilby*, 189-214. Charles A. Huttar (ed.). Grand Rapids: Eerdmans.

Lakowski, Romunald I. 2002. «Types of Heroism in *The Lord of the Rings*». *Mythlore* 90: 22-35.

Larsen, Kristine. 2011. «Sea Birds and Morning Stars: Ceyx, Alcyone, and the Many Metamorphoses of Eärendil and Elwing». *Tolkien and the Study of His Sources: Critical Essays*, 69-83. Jason Fisher (ed.). Jefferson: McFarland & Company.

Lee, Stuart D. 2018. «*Tolkien in Oxford* (BBC, 1968): A Reconstruction». *Tolkien Studies* 15: 115-76.

Lerate, Luis; Lerate, Jesús. 2012. *Beowulf y otros poemas anglosajones (siglos VII-X)*. Madrid: Alianza.

Lewis, Clive S. 1966. *The Letters of C.S. Lewis*. Warren H. Lewis (ed.). Nueva York: Harcourt, Brace and World.

—. 2003. «*El Señor de los Anillos*, de Tolkien». *Tolkien o la fuerza del mito. La Tierra Media en perspectiva*, 207-14. Eduardo Segura y Guillermo Peris (eds.). Madrid: LibrosLibres.

—. 2006. *Cautivado por la Alegría*. María Mercedes Lucini (tr.). Londres: HarperCollins.

Locke, John. 1975. *An Essay Concerning Human Understanding*. Peter H. Nidditch (ed.). Oxford: Clarendon Press.

Lönnroth, Lars. 2002. «The Founding of Miðgarðr (Vǫluspá 1-8)». *The Poetic Edda: Essays on Old Norse Mythology*, 1-25. Paul Acker y Carolyne Larrington (eds.). Paul Acker (tr.). Nueva York/Londres: Routledge.

MacDonald, George. 1895. *A Dish of Orts: Chiefly Papers on the Imagination, and on Shakspere*. Londres: Sampson Low Marston and Company.

Maillet, Greg. 2024. *Recovering Consolation. Sam's Enchanted Path in* The Lord of the Rings. Eugene: Pickwick.

Maritain, Jacques. 1945. *Fronteras de la poesía y otros ensayos*. Juan Arquímides González (tr.). Buenos Aires: Espiga de oro.

McAleer, Graham J. 2024. *Tolkien, Philosopher of War*. Washington: Catholic University of America Press.

McBride, Sam. 2020. *Tolkien's Cosmology: Divine Beings and Middle-earth*. Kent: Kent State University Press.

McIlwaine, Catherine. 2018. *Tolkien: Maker of Middle-earth*. Oxford: Bodleian Library Publishing.

McIntosh, Jonathan S. 2017. *The Flame Imperishable: Tolkien, St. Thomas, and the Metaphysics of Faërie*. Nueva York: Angelico Press.

McLuhan, Marshall. 1998. *La galaxia Gutenberg: Génesis del* homo typographicus. Juan Novella (tr.). Barcelona: Galaxia Gutenberg.

Megahey, Leslie (dir.). 1969. *Tolkien in Oxford*. BBC2. http://bbc.co.uk/archive/writers/12237.shtml

Mentxakatorre, Jon. 2019a. *La muerte como don: J.R.R. Tolkien. Hacia una metafísica del arte y la redención*. Tesis doctoral. Universidad Autónoma de Madrid.

—. 2019b. «J.R.R. Tolkien: The Philosophical Basis of Sub-creative Words». *Logos: A Journal of Catholic Thought and Culture* 22(3): 105-29.

—. 2022. «The Theological Meaning of Tolkien's 'Death as a Gift'». *Logos: A Journal of Catholic Thought and Culture* 25(1): 37-63.

—. 2023. «The Shadow of Death and the Virgin Mary in Tolkien's *legendarium*». *Logos: A Journal of Catholic Thought and Culture* 26(3): 87-111.

Michelson, Paul E. 2014. «George MacDonald and J.R.R. Tolkien on Faërie and Fairy Stories». *Inklings Forever* 9.

Middleton, J. Richard. 2014. *A New Heaven and a New Earth: Reclaiming Biblical Eschatology*. Grand Rapids: Baker Academic.

Milbank, Alison. 2022. *La teología de Chesterton y Tolkien. La fantasía de lo real.* Eduardo Segura (tr.). Granada: Nuevo Inicio.

Milburn, Michael. 2010. «Coleridge's Definition of Imagination and Tolkien's Definition(s) of Faery». *Tolkien Studies* 7: 55-66.

Morton, Andrew H.; Hayes, John. 2008. *Tolkien's Gedling – 1914: The Birth of a Legend.* Studley: Brewin Books.

Müller, F. Max. 2000. *Mitología comparada.* Pedro Jarbi (tr.). Barcelona: Teorema.

Murphy, Francesca Aran. 1995. *Christ the Form of Beauty: A Study in Theory and Literature*. Edimburgo: T&T Clark.

Nelson, Marie. 2008. «*The Homecoming of Beorhtnoth Beorhthelm's Son*: J.R.R. Tolkien's sequel to *The Battle of Maldon*». *Mythlore* 101/102: 65-87.

Nicholas, Angela P. 2017. *Aragorn: J.R.R. Tolkien's Undervalued Hero.* Edimburgo: Luna Press.

Nicolay, Theresa F. 2014. *Tolkien and the Modernists: Literary Responses to the Dark New Days of the 20th Century*. Jefferson: McFarland and Company.

Noel, Ruth S. 1980. *The Languages of Tolkien's Middle-earth*. Boston: Houghton Mifflin.

Noury, Aurore. 2022. «L'action tragique et l'estel dans *Le Silmarillion*». *Tolkien et la Terre du Milieu: Un monde en palimpsestes*, 125-42. Quentin Feltgen y Nils Renard (eds.). París: Éditions Rue d'Ulm.

Odero, José Miguel. 1987. *J.R.R. Tolkien: Cuentos de hadas. La poética tolkiniana como clave para una hermenéutica sapiencial de la literatura de ficción*. Iruñea: Eunsa.

O'Donohue, John. 2004. *Divine Beauty: The Invisible Embrace*. Londres: Bantam Books.

Pantin, Isabelle. 2022. «Un arrière-texte du *Legendarium*. Le dialogue entre Lewis et Tolkien sur les mythes et les 'stories'». *Tolkien et la Terre du Milieu: Un monde en palimpsestes*, 37-54. Quentin Feltgen y Nils Renard (eds.). París: Éditions Rue d'Ulm.

Parry, Hannah. 2016. «'Of Gold and an Alloy': Tolkien, *The Hobbit*, and the Northern Heroic Spirit». *Critical Insights:* The Hobbit, 85-100. Stephen W. Potts (ed.). Ipswich: Salem Press.

Pearce, Joseph (ed.). 2021a. *J.R.R. Tolkien: Señor de la Tierra Media.* Ana Quijada (tr.). Barcelona: Minotauro.

—. 2001b. *Tolkien: hombre y mito*. Estela Gutiérrez (tr.). Barcelona: Minotauro.

Pezzini, Giuseppe. 2025. *Tolkien and the Mystery of Literary Creation.* Cambridge: Cambridge University Press.

Pezzini, Giuseppe; O'Brien, Eden (eds.). 2023. *Tolkien and the Relations between Sub-creation and Reality*. Inklings Studies Supplements. Vol. 3. Edimburgo: Edinburgh University Press.

Pieper, Josef. 2000. *Death and Immortality*. Richard Winston y Clara Winston (trs.). South Bend: St. Augustine's Press.

Powell, Arthur E. 1962. *The Romantic Theory of Poetry: An Examination in the Light of Croce's Æsthetic.* Nueva York: Russell & Russell.

Priestman, Judith. 1994. *A List of the Papers of J.R.R. Tolkien at the Bodleian Library Oxford.* Oxford: The Bodleian Library.

Rahner, Karl. 1969. *Sentido teológico de la muerte.* Daniel Ruiz Bueno (tr.). Barcelona: Herder.

Reilly, Robert J. 2006. *Romantic Religion: A Study of Owen Barfield, C.S. Lewis, Charles Williams and J.R.R. Tolkien*. Great Barrington: Lindisfarne Books.

Rhone, Zachary A. 2017. *The Great Tower of Elfland: The Mythopoeic Worldview of J.R.R. Tolkien, C.S. Lewis, G.K. Chesterton, and George MacDonald.* Kent: The Kent State University Press.

Richards, Robert J. 2002. *The Romantic Conception of Life: Science and Philosophy in the Age of Goethe*. Chicago: The University of Chicago Press.

Rosegrant, John. 2022. *Tolkien, Enchantment, and Loss: Steps on the Developmental Journey*. Kent: The Kent State University Press.

Ryan, J.S. 1986. «Tolkien's Concept of Philology as Mythology». *VII: An Anglo-American Literary Review* 7: 91-106.

—. 2009. «J.R.R. Tolkien's Formal Lecturing and Teaching at the University of Oxford, 1929-1959». *VII: An Anglo-American Literary Review* 26: 45-62.

Sarti, Ronald C. 1984. *Man in a Mortal World: J.R.R. Tolkien and* The Lord of the Rings. Tesis doctoral. Indiana University.

Schenk, Hans Georg. 1983. *El espíritu de los románticos europeos. Ensayo sobre historia de la cultura*. Juan José Utrilla (tr.). México: Fondo de Cultura Económica.

Schlobin, Roger C. 2000. «*Ainulindalë*: Tolkien's Commitment to an Aesthetic Ontology». *Journal of the Fantastic in the Arts* 43: 257-65.

Schulz, Bruno. 2004. «La mitificación de la realidad». *Ensayos críticos*, 13-15. Jorge Segovia y Violetta Beck (trs.). Vigo: Maldoror Ediciones.

Schweicher, Eric. 1995. «Aspects of the Fall in *The Silmarillion*». *Proceedings of the J.R.R. Tolkien Centenary Conference: Keble College, Oxford, 1992* (*Mythlore* 80 -

Mallorn 33), 167-71. Patricia Reynolds y Glen H. GoodKnight (eds.). Milton Keynes: The Tolkien Society y Altadena: Mythopoeic Press.

Seeman, Chris. 2003. «La revisión de Tolkien de la tradición romántica». *Tolkien o la fuerza del mito. La Tierra Media en perspectiva*, 69-93. Eduardo Segura y Guillermo Peris (eds.). Madrid: LibrosLibres.

—. 2008. «Death and Language: Keysprings of *The Lord of the Rings*». *LotRPlaza Scholars Forum.* http://lotrplaza.com/showthread.php?12189

Segura, Eduardo. 2004. *El viaje del anillo. Estudio de la estructura narrativa de* El Señor de los Anillos *y de la poética de J.R.R. Tolkien.* Barcelona: Minotauro.

—. 2010. «'Secondary Belief": Tolkien and the Revision of Romantic Notion of Poetic Faith». *Hither Shore* 7: 138-50.

—. 2011. «*Verbum* y *Mitopoeia*: Palabra Poética e Invención del Ser en Tolkien y Heidegger». *Premios Gandalf & Ælfwine 2009 y 2010*, 357-75. Mónica Sanz, Santiago Álvarez y Sergio Mars (eds.). Madrid: Sociedad Tolkien Española.

—. 2015-2017. *International Conference on the Inklings.* Euskal Herriko Unibertsitatea:

1. «Tolkien y la filología: la palabra subcreadora como patria y fuente de potestad». https://ehutb.ehu.es/video/58c66f52f82b2b70058b4582

2. «Arte e Inmortalidad élfica: Tolkien y el don de la Muerte». https://ehutb.ehu.es/video/58c671d7f82b2bf7228b459e

3. «Una esperanzada desesperación: Tolkien y su 'Ciclo del Norte'». https://ehutb.ehu.es/video/58fa2fadf82b2bb91a8b4687

—. 2018. «Entre la belleza perdida y la esperanza: el existencialismo cristiano de J.R.R. Tolkien». *Demasiado profundo para las lágrimas.* http://montanalandscapes.blogspot.com.es/2018/05/el-existencialismo-de-tolkien.html

—. *2021. J.R.R. Tolkien. Historia, leyenda, mito. Oviedo: Sapere Aude.*

Senior, W. A. 2000. «Loss Eternal in J.R.R. Tolkien's Middle-earth». *J.R.R. Tolkien and His Literary Resonances: Views of Middle-earth*, 173-82. George Clark y Daniel Timmons (eds.). Westport: Greenwood Press.

Shippey, Tom A. 1985. «Boar and Badger: An Old English Heroic Antithesis». *Leeds Studies in English* 16: 220-39.

—. 1999. *El camino a la Tierra Media.* Eduardo Segura (tr.). Barcelona: Minotauro.

—. 2003. *J.R.R. Tolkien: Autor del siglo.* Estela Gutiérrez (tr.). Barcelona: Minotauro.

—. 2007. *Roots and Branches: Selected Papers on Tolkien by Tom Shippey.* Zúrich: Walking Tree Publishers.

—. 2013a. «Creation from Philology in *The Lord of the Rings*». *J.R.R. Tolkien, Scholar and Storyteller: Essays* in Memoriam, 286-316. Mary B. Salu y Robert T. Farrell (eds.). Ithaca/Londres: Cornell University Press.

—. 2013b. «Goths and Romans in Tolkien's Imagination». *Tolkien: The Forest and the City*, 19-33. Helen Conrad-O'Briain y Gerard Hynes (eds.). Portland: Four Court Press.

—. 2017. *J.R.R. Tolkien's* Beowulf *with Dr. Tom Shippey*. Signum University.
1. «The Monsters and the Critics». https://youtube.com/watch?v=FPBt05KUfzg
2. «The Origins of England». https://youtube.com/watch?v=x98UBKDfl0E&
3. «The Glamour of Poesis». https://youtube.com/watch?v=Rl8-pYYLNFQ

Simonson, Martin. 2008. The Lord of the Rings *and the Western Narrative Tradition.* Zúrich: Walking Tree Publishers.

—. 2022. «El triple equilibrio de Tolkien: un modelo de redención heroica para el siglo XX». *La tradición y la Tierra Media*, 203-28. Jon Alkorta (tr.). Oviedo: Sapere Aude.

Smith, Arden R. 1997. *Germanic Linguistic Influence on the Invented Languages of J.R.R. Tolkien.* Tesis doctoral. University of Berkeley.

Smith, Ross. 2006. «Fitting Sense to Sound: Linguistic Aesthetics and Phonosemantics in the Work of J.R.R. Tolkien». *Tolkien Studies* 3: 1-20.

—. 2011. «A Tolkienian Philosophy of Language». *Inside Language: Linguistic Aesthetic Theory in Tolkien*, 125-54. Zúrich: Walking Tree Publishers.

Smith, Thomas W. 2006. «Tolkien's Catholic Imagination: Mediation and Tradition». *Religion and Literature* 38(2): 73-100.

Solopova, Elizabeth. 2009. *Languages, Myths and History: An Introduction to the Linguistic and Literary Background of J.R.R. Tolkien's Fiction.* Nueva York: North Landing Books.

Soloviev, Vladímir S. 1953. *Los fundamentos espirituales de la vida.* Benjamin Agüero (tr.). Buenos Aires: Plantin.

Spirito, Guglielmo. 2003. *Tra San Francesco e Tolkien. Una lettura spirituale del* Signore degli Anelli. Rimini: Il Cerchio Iniziative Editoriali.

—. 2011. «La 'Luce della Santità': il potere curativo della narrativa tolkieniana». *Tolkien. La Luce e l'Ombra*, 117-32. Giovanni Agnoloni (ed.). Ascoli Piceno: Senzapatria.

Sterling, Grant C. 1997. «'The Gift of Death': Tolkien's Philosophy of Mortality». *Mythlore* 82: 16-18, 38.

Stevens, Benjamin E. 2021. «Middle-earth as Underworld: From *Katabasis* to *Eucatastrophe*». *Tolkien and the Classical World*, 105-30. Hamish Williams (ed.). Zúrich: Walking Tree Publishers.

Stockitt, Robin. 2011. *Imagination and the Playfulness of God: The Theological Implications of Samuel Taylor Coleridge's Definition of the Human Imagination.* Eugene: Pickwick.

Stone, Jon R. (ed.). 2002. *The Essential Max Müller: On Language, Mythology, and Religion.* Londres: Palgrave Macmillan.

Testi, Claudio A. 2012. «Tolkien's *Legendarium* as a *meditatio mortis*» y «Logic and Theology in Tolkien's Thanatology». *The Broken Scythe. Death and Immortality in the Works of J.R.R. Tolkien*, 39-68; 175-91. Roberto Arduini y Claudio A. Testi (eds.). Zúrich: Walking Tree Publishers.

—. 2018. *Pagan Saints in Middle-earth*. Zúrich: Walking Tree Publishers.

—. 2019. «Tolkien and Aquinas». *Tolkien and the Classics*, 57-71. Roberto Arduini, Giampaolo Canzonieri y Claudio A. Testi (eds.). Zúrich: Walking Tree Publishers.

—. 2024. «Some Notes on Seth Kreeger's 'Metaphysical Considerations in Eä. Creation and Providence in Tolkien and Aquinas'». *Journal of Tolkien Research* 20(1): 1-5.

Thorson, Stephen. 2015. *Joy and Poetic Imagination: Understanding C.S. Lewis's 'Great War' with Owen Barfield and its Significance for Lewis's Conversion and Writings*. Hamden: Winged Lion Press.

Timmons, Daniel. 1998. «J.R.R. Tolkien: The 'Monstrous' in the Mirror». *Journal of the Fantastic in the Arts* 35: 229-46.

Tomko, Michael. 2016. *Beyond the Willing Suspension of Disbelief: Poetic Faith from Coleridge to Tolkien*. Nueva York/Londres: Bloomsbury.

Ugolnik, Anthony J. 1977. «'Wordhord Onleac': The Medieval Sources of J.R.R. Tolkien's Linguistic Aesthetic». *Mosaic* 10(2): 15-31.

Urang, Gunnar. 1979. «Tolkien's Fantasy: The Phenomenology of Hope». *Shadows of Imagination: The Fantasies of C.S. Lewis, J.R.R. Tolkien and Charles Williams*, 97-110. Mark R. Hillegas (ed.). Carbondale/Edwardsville: Southern Illinois University Press.

Vaninskaya, Anna. 2020. *Fantasies of Time and Death: Dunsany, Eddison, Tolkien*. Londres: Palgrave Macmillan.

Vink, Renée. 2008. «Immortality and the Death of Love: J.R.R. Tolkien and Simone de Beauvoir». *The Ring Goes Ever On: Proceedings of the Tolkien 2005 Conference*. Vol. 2: 117-27. Sarah Wells (ed.). Coventry: The Tolkien Society.

Ward, Michael. 2011. «The Good Serves the Better and Both the Best: C.S. Lewis on Imagination and Reason in Apologetics». *Imaginative Apologetics: Theology, Philosophy and the Catholic Tradition*, 59-78. Andrew Davison (ed.). Londres: SCM Press.

Wellek, René. 1963. «Romanticism Re-examined». *Romanticism Reconsidered: Selected Papers from the English Institute*, 107-33. Northrop Frye (ed.). Nueva York/Londres: Columbia University Press.

West, Richard C. 2000. «Túrin's *Ofermod*: An Old English Theme in the Development of the Story of Túrin». *Tolkien's* Legendarium*: Essays on* The History of Middle-earth, 233-45. Verlyn Flieger y Carl F. Hostetter (eds.). Westport/ Londres: Greenwood Press.

Whitmire, John F. 2023. «An Archaeology of Hope and Despair in the Tale of Aragorn and Arwen». *Tolkien Studies* 20: 59-76.

Whittingham, Elizabeth A. 2008. *The Evolution of Tolkien's Mythology: A Study of* The History of Middle-earth. Jefferson/Londres: McFarland.

Williams, Hamish. 2021. «Tolkien the Classicist: Scholar and Thinker». *Tolkien and the Classical World*, 3-36. Hamish Williams (ed.). Zúrich: Walking Tree Publishers.

Wood, Ralph C. 2003. *The Gospel According to Tolkien: Visions of the Kingdom in Middle-earth*. Lousville y Londres: Westminster John Knox Press.

Wordsworth, William. 2008. *The Major Works*. Stephen Gill (ed.). Oxford: Oxford University Press.

Yeats, William B. 1971. «William Blake and the Imagination». *Essays and Introductions*, 111-15. Londres/Basingstoke: Macmillan.

Zaleski, Philip; Zaleski, Carol. 2015. *The Fellowship: The Literary Lives of the Inklings: J.R.R. Tolkien, C.S. Lewis, Owen Barfield, Charles Williams*. Nueva York: Farrar, Straus and Giroux.

Zehnle, Daren J. 2018. «Joy Like Swords: Hobbits, Franciscans, and the Crucifix». *The Marion E. Wade Center*. https://youtube.com/watch?v=bPaCBHYi3hk

Zimbardo, Rose A.; Isaacs, Neil D. 2004. *Understanding* The Lord of the Rings*: The Best of Tolkien Criticism*. Boston: Houghton Mifflin.

Esta obra, "Mito y muerte",
se terminó de componer en las
colecciones de la editorial
LEGENDARIA
el 15 de febrero de 2026,
cuando retornó aquel
que venció al fuego
y la muerte.